Moral für Dumme

Das Elend der Politischen Korrektheit

Für den Student_innenRat der Universität Leipzig,
Referat für Gleichstellung & Lebensweisenpolitik.
In Dankbarkeit.

Und im Ernst: Danke, Joana!

GROSSE ALLGEMEINE TRIGGERWARNUNG:
Dieses Buch kann kränken, verletzen, verärgern, trauma-
tisieren, traurig machen, betroffen machen, irgendwas
machen.
Es streift u.a. die Themengebiete Gewalt, Rassismus,
Faschismus, Sexismus und Neger.

Benutzungshinweis:
Einige Passagen dieses Buchs stehen in einem humoristischen
Kontext. Das bedeutet, dass nicht alles so gemeint ist, wie es ...
ach, vergesst es!

© Marius Jung / Carlsen GmbH, Hamburg, April 2015
Umschlaggestaltung: Christina Hucke
unter Verwendung einer Fotografie von Jenny Egerer
Lektorat und Co-Autor: Oliver Domzalski
Redaktionelle Mitarbeit: Hanna Dede und Andreas Czech
Gestaltung, Layout und Satz:
Christiane Hahn und Christina Hucke
Druck und Bindung: GGP Media GmbH, Pößneck
ISBN 978-3-551-68358-8
Printed in Germany

www.carlsenhumor.de

Marius Jung
mit Oliver Domzalski

Moral für Dumme

Das Elend der Politischen Korrektheit

Vorwort – mit einem Gruß an die falschen Freunde

Liebe LuL,

wissen Sie, was „SuS" sind? Sie sollten das wissen – schließlich sind die SuS unsere Zukunft. Das Kurzwort ist in Schul- und Behördenkreisen eine mittlerweile absolut gängige Bezeichnung für „Schülerinnen und Schüler". Die Entstehung ist klar: Früher genügte das Wort „Schüler", um die Gesamtheit der Personen zu bezeichnen, die sich zum Zwecke der Wissensaufnahme in einer Lehranstalt aufhielten. Niemand wäre auf die Idee gekommen, dass die Durchsage „Wegen eines Feueralarms werden alle Schüler gebeten, sich sofort auf den Schulhof zu begeben" nur für die Jungs galt. Irgendwann jedoch stellte jemand fest, dass die Mädchen bei dieser Durchsage von Rechts wegen hätten drinbleiben und verbrennen müssen. Also sagte und schrieb man ab jetzt emsig „Schülerinnen und Schüler". Aber da der Mensch nun mal faul ist, war ihm das irgendwann zu umständlich. Deshalb heißt der erreichte Fortschritt jetzt: SuS. („Sus" ist übrigens das lateinische Wort für „Schwein".) Tolle Sache!

Um gleich am Anfang ein Missverständnis zu vermeiden: Wir, die Autoren dieses Buchs, teilen die Forderung uneingeschränkt, dass Schwächere und Minderheiten vollständig repräsentiert und gleichberechtigt sein sollen. Auch wir wollen, wie Manuela Schwesig, „in einer Gesellschaft leben, in der Unterschiede normal sind."[*]

Die *Beweggründe* der „Political Correctness" (PC) sind uns überwiegend sympathisch; wir schätzen Menschen, die Gu-

---

[*] *Auf der Diversity-Konferenz im November 2014.*

tes wollen und tun; und wir finden es absurd, dass „Gutmensch" zu einem Schimpfwort werden konnte. Unser Buch macht sich also nicht lustig über die *Anliegen* der Politisch Korrekten*, sondern über ihre Methoden. Wir wollen nicht Rassisten vom berechtigten Vorwurf des Rassismus entlasten. Aber wenn wir gutmeinende Menschen von unberechtigten Vorwürfen entlasten, soll uns das nur recht sein.

Natürlich wissen wir, dass die wirklich schlimmen Gegner nicht die Politisch Korrekten sind, sondern die Reaktionäre und Machos, die Rassisten und Faschisten. Also, liebe Pirinçcis, Sarrazins, Klonovskys, Achsionäre des Guten, AfDler, Pegidisten, UKIPs, Politisch Inkorrekte, Neocons, Tea-Party-Wichser, Compacte, Fox-News-Fans und so weiter: Ihr könnt das Buch jetzt weglegen. Als Kronzeugen eurer durch und durch unsympathischen und inhumanen Weltsicht stehen wir nicht zur Verfügung.

Wir meinen allerdings, dass man die PC trotzdem kritisieren darf und nicht die Klappe halten muss, weil man damit „falsche Freunde" auf den Plan rufe. (Es hat dem Sozialismus schließlich auch nicht geholfen, sondern massiv geschadet, dass er Kritik aus den eigenen Reihen mit der Begründung unterdrückt hat, sie könne Antikommunisten in die Hände spielen.) Ja, „Political Correctness" ist mittlerweile auch ein Kampfbegriff von Rechten, die damit die Überzeugungen attackieren wollen, die hinter der PC stehen. Und, ja: Sie übertreiben maßlos, wenn sie sich zu Opfern der PC stilisieren und behaupten, ihrer Meinungsfreiheit beraubt zu werden. Aber wir finden es falsch, darauf zu reagieren, indem man kurzerhand bestreitet, dass es überhaupt irgendwelche Denk- und Sprechverbote gebe. Natürlich gibt es diese „Das-darf-man-nicht-sagen"-Tabus! Und natürlich

---

* *Anders als der Duden betrachten wir „Politische Korrektheit" als eigenständigen Begriff; daher das große P.*

gibt es das Reduzieren von Menschen auf ihre (angebliche oder tatsächliche) Opferrolle! Und das nervt, bevormundet, gängelt, hemmt die Kommunikation zwischen Menschen und macht die Welt nicht besser, sondern bürokratischer und liebloser. Brauchen wir wirklich schwulenhassende, fremdenfeindliche, frauenverachtende, herzlose Rechte, damit diese Wahrheiten ausgesprochen werden?

Und um gleich das nächste Missverständnis auszuschließen: Es war aus unserer Sicht richtig, dass in den 70ern das Bewusstsein auf die Ausgrenzung von Frauen aus vielen gesellschaftlichen Bereichen gelenkt wurde – und darauf, dass sich diese Ausgrenzung auch in der Sprache niederschlug. Zu oft waren Frauen tatsächlich nicht gemeint, wenn von „Arbeitnehmer", „Kontoinhaber", „Minister" oder „Arzt" die Rede war. Aber wir bezweifeln, dass Retortenkonstrukte wie „Professx" und Basteleien aus Unterstrichen, Sternchen und Binnen-Is das Problem lösen. Sinnvoller ist das geduldige Vertrauen darauf, dass die Sprachgemeinschaft organische Lösungen findet, um den inzwischen erreichten Konsens auszudrücken: dass Frauen natürlich immer mitgemeint sind. Jedenfalls ist nicht jede Kritik an Vorschlägen zu gendergerechter Sprache auch eine Attacke auf das Ziel der Gleichberechtigung. Wer das behauptet, tabuisiert die Diskussion.

Wir sprechen in diesem Buch häufiger von „*den* Politisch Korrekten". Natürlich bezeichnet sich niemand, der bei Verstand ist, selbst noch so. Wir meinen mit *der* Politischen Korrektheit also keinen festen Zusammenschluss von Menschen, sondern eine bestimmte Geisteshaltung. Und zwar eine, die sich selbst beschränkt. Daher der provozierende Buchtitel.

PC beurteilt alles und jeden nach demselben Maßstab, sieht also ab von jeglichem Kontext – sei es Humor, Kunst, ein anderes Jahrhundert oder was auch immer. Wer das tut, stellt sich absichtlich dumm – oder ist es tatsächlich. Beziehungsweise „vom Bildungssystem nicht erreicht". Politische Korrektheit hat die Möglichkeit geschaffen, dass dumme Menschen sich der moralisch guten, der „richtigen" Seite zuordnen, weil es ein klares Regelsystem gibt, das auch Leuten mit Blockwart-Mentalität ein Plätzchen in der warmen Stube der überlegenen Moral bietet. Und diese Öffnung für einfachere Gemüter bleibt natürlich nicht ohne Folgen für die Intelligenz-Performance der „richtigen Seite".

Zudem unternimmt Politische Korrektheit immer größere Verrenkungen, damit Menschen nicht mit unangenehmen Tatsachen konfrontiert werden. Euphemistische Wortschöpfungen wie „horizontal herausgefordert" sollen als negativ empfundene Sachverhalte („dick") mit positiv klingenden Begriffen kaschieren. Auf Büchern werden Warnschilder angebracht, weil hinter dem Buchdeckel so grauenhafte menschliche Abgründe wie Gewalt, derbe Sprache oder gar der schreckliche Sex behandelt werden. Damit koppelt die Politische Korrektheit sich nicht nur von der Realität ab, sondern auch von der Mehrheit der Menschen, die die Dinge weiterhin so benennen, wie sie sie sehen. Das finden wir doppelplusungut. Und ebenfalls ziemlich dumm.

Unser Buch fragt – mit den Mitteln der satirischen Übertreibung –, ab wann das Bemühen um eine bessere Welt übers Ziel hinausschießt oder sogar nach hinten losgeht. Natürlich wissen wir, dass es immer auch besonnene Stimmen in den Lagern gibt – bei den Politisch Korrekten wie bei ihren Gegnern. Und wir sind dafür, dass beide Seiten mal ein bisschen abrüsten und nicht so tun, als hinge vom Erfolg oder Misserfolg der politisch korrekten Umgestaltung der Gesellschaft das Überleben der Freiheit, der Menschheit und der Kultur ab. Da dieses Buch aber eine satirisch-polemische Auseinandersetzung mit dem Phänomen der PC ist, orientieren wir uns natürlich freudig an deren lautesten und nervigsten Vertretx. Schließlich sind sie es ja, die „Politische Korrektheit" erst zu einem Negativbegriff gemacht haben und die die stärkste Wirkung auf unser aller Leben anstreben – und manchmal auch erreichen.

Aber vor allem hat es diebische Freude gemacht, uns die perfekte politisch korrekte Welt vorzustellen. Die Dinge mal wirklich konsequent zu Ende zu denken – nach dem Motto „Wennschon, dennschon." So kann man sich wunderbar ausmalen, wie schwer wir einander in manchen Situationen verstünden, wenn eine konsequent genderneutrale Sprache zur Regel würde, die statt „Frau" und „Mann" nur noch „Person" gestattet.

Wir wissen, dass wir uns mit diesem Buch auf dünnes Eis begeben und dass manche uns als Arschlöcher oder als WHMs (Weiße Heterosexuelle Männer) abstempeln werden, die den Schuss nicht gehört haben. Und die Abkürzung trifft es ja auch ganz gut – allerdings ist einer von uns nach Auffassung seiner Partnerin eher ein heterosexuelles Mädchen.

Die, die jetzt schon schäumen vor Wut, sind genau die richtigen LuL für unser Buch. Allen anderen wünschen wir viel Spaß.

Die schreibenden Personen, im Dezember 2014

„Meine Lieblingsserie war immer
*Horizontal herausgefordert und
Verhaltensoriginell"*

„Aber er hat ja gar nichts an!"

Mit einem kleinen Satz lässt das Kind in Hans Christian Andersens Märchen „Des Kaisers neue Kleider" die Luft aus dem Theater, auf das Hofstaat und Volk sich stillschweigend geeinigt hatten – das Offensichtliche nicht zu benennen, sondern gedrechselt drum herumzureden.

Das wünscht man sich angesichts der Auswüchse der Politischen Korrektheit auch oft: ein Kind, das die Tatsachen benennt. Das einen Dummkopf nicht „bildungsfern" nennt, einen Penner nicht „Wohnungssuchenden" und einen Schwarzen nicht „POC".

Aber da fängt das Dilemma ja schon an: Nach Ansicht vieler Vertreter der PC gibt es gar keine Tatsachen. Sondern nur „soziale Konstrukte". Wie zum Beispiel das Geschlecht. Oder eine Behinderung. „‚behindert' ist man nicht, man wird es..."[*] Wie jetzt? Der Mensch da sitzt gar nicht im Rollstuhl – dieses Bild hat seine Umwelt nur konstruiert? (Und wie weiter? „Also stell dich nicht so an und steh auf, bevor wir noch teure Rampen für dich bauen müssen!" oder was?)

Aber wie zum Teufel ist eine Bewegung, die sich einmal Aufklärung und eine bessere Welt auf die Fahnen geschrieben hatte, eigentlich in der Sackgasse der Tabus und Wortklaubereien gelandet? Nun, nach den politisch wilden 60ern und 70ern schwand der Glaube, die Welt lasse sich schnell und grundlegend ändern. Deshalb verlegte man sich auf die Veränderung von Sprache und Bewusstsein. Das empfindsame Reden über Dinge wurde wichtiger als die Dinge selbst – und fast alles wurde zum angeblichen „sozialen Konstrukt". PC ist also die ideale Religion für Hirnwichser.

---

[*] *http://stura.uni-leipzig.de/gleichstellung-lebensweisen-politik*

These: Wäre die Gesellschaft schon Anfang der 6oer reif gewesen für die Gleichberechtigung der Frauen, der Schwarzen etc., wäre das mit der Emanzipation deutlich zügiger über die Bühne gegangen und heute längst erreicht. Weil man eher Verhältnisse verändert hätte als Wortendungen. So aber fiel das Engagement für benachteiligte Gruppen in die Hände der Sprachpolizisten. In den USA hieß das „affirmative action", bei uns Luise F. Pusch und Senta Trömel-Plötz.

Fatalerweise bedient sich die PC noch bei einer anderen, nicht sehr ruhmreichen historischen Entwicklung: der totalitären Idee, man könne die Wirklichkeit und sogar die Vergangenheit an die eigenen Vorstellungen anpassen. George Orwell hat sich das ja nicht ausgedacht für seinen Roman *1984* – er musste nur in die stalinistische Sowjetunion schauen, wo in Ungnade gefallene Funktionäre nachträglich aus Fotos herausretuschiert wurden und jeder Käufer der *Großen Sowjetischen Enzyklopädie* registriert war, damit man veränderte Sichtweisen lückenlos gegen die vorher „unwiderlegbar wahren" austauschen konnte.

Bei uns vergreift man sich momentan „nur" an Kinderbüchern – aber man kann sich ja steigern. Immerhin werden in der Türkei im Rahmen des politisch korrekten Tugend- und Gesundheitsterrors schon die Zigaretten aus allen Fotos herausretuschiert, die den Staatsgründer Kemal Atatürk zeigen. Viel Arbeit für die Fälscher – Atatürk hatte *immer* eine Zigarette in der Hand. Im Westen nicht möglich? Nun, in den USA werden neuerdings Poster mit dem berühmten Abbey-Road-Cover verkauft, bei denen die Zigarette aus Paul McCartneys Hand entfernt wurde.

Aber Rauchen – das macht man ja auch nicht. Und soll man deshalb auch nie gemacht haben.

Tabu, verboten, macht man nicht!

Sollen wir uns wirklich die Zeiten zurückwünschen, als noch keinerlei Rücksicht auf die Gefühle ~~benachteiligter~~ speziell begabter Menschen genommen wurde und man fröhlich von „Negern", „Krüppeln" und „Idioten" sprach?

Anfang der 70er-Jahre in der fünften Klasse eines Gymnasiums in Göttingen: Eigenmächtig beruft die Lehrerin eine Versammlung aller Eltern und Schüler ein. Dort stellt sie einen neuen Mitschüler bloß, indem sie drastisch die Folgen von dessen Kinderlähmung schildert und die Schüler auffordert, ihn bei bestimmten schulischen Verrichtungen wie vor allem dem Mitschreiben des Unterrichtsstoffs zu unterstützen. Auf die murrende Nachfrage der Kinder, was denn geschehe, wenn sie sich weigerten, sagt sie den ungeheuerlichen Satz: „Dann lernt er nichts und bleibt dumm."

Ein solcher Skandal wäre, das geben wir sofort zu, heute natürlich nicht mehr möglich: Die Versammlung würde zusammen mit den Elternsprechern sowie externen Inklusionsberatern sorgfältig vorbereitet – und dann abgesagt. Schließlich soll der Neue von Anfang an als gleichberechtigtes und voll befähigtes Mitglied der Klassengemeinschaft wahrgenommen werden, und insbesondere das Thematisieren seiner Erkrankung vor den Mitschülern soll ihm erspart bleiben. Alle fühlen sich gut – und der Junge wechselt nach dem 8. Schuljahr in eine inklusive, rollstuhlgerechte Werkstatt und dreht sein Leben lang Kerzen. Wobei er stets respektvoll behandelt wird.

Übrigens: Der brutal bloßgestellte Junge aus den 70ern konnte dank der Unterstützung seiner Mitschüler, die ihm

HUI! Reiseveranstalter entschuldigt sich

Der Reisekonzern HUI hat sich in einer Erklärung bei allen Sehbehinderten, hochgradig Sehbehinderten und Blinden für „unsensible und verletzende Formulierungen" in seinen Reisekatalogen entschuldigt. Man werde das Wort „Sehenswürdigkeit" künftig nicht mehr verwenden. Die Forderung, Reiseziele mit Namen wie „Bellevue", „Bellavista" und „Augsburg" wegen Diskriminierung aus dem Programm zu streichen, wies die HUI allerdings zurück; dies wäre „offensichtlich übertrieben".

Der Verband HÖRT DOCH AUF BLINDE (HDAB) kritisierte insbesondere die „zynische Wortwahl ‚offensichtlich'", die zeige, dass HUI „nichts begriffen" habe. Kritisiert wurde zudem die Tatsache, dass der Konzern seine Entschuldigung schriftlich veröffentlicht hat. „Man kann auch mal ein paar Radiospots schalten für so etwas", moniert HDAB-Chef Bernd Rabe. Der HDAB hatte bereits kürzlich Aufsehen erregt, als er den Deutschen Wetterdienst vergeblich aufforderte, die Formulierung „Auge des Sturms" durch „Sinnesorgan des Sturms" zu ersetzen. Noch nicht entschieden ist die Klage gegen den Fußballweltverband FIFA. Der Ausschluss blinder Bewerber vom Schieds- und Linienrichterwesen ist nach HDAB-Ansicht „hörgerätreine Diskriminierung".

vier Jahre lang reihum das Schreiben abnahmen, später das Abitur ablegen und studieren. Heute leitet er eine Fachhochschule im Ruhrgebiet.

„Unterschied" heißt auf Lateinisch „discrimen". Und wenn wir heute Unterschiede zwischen Menschen benennen wollen, ist der Diskriminierungsvorwurf stets nur einen Wimpernschlag entfernt. Die Politische Korrektheit hat den sozialen Raum so dicht mit Fettnäpfchen vollgestellt, dass fast jeder dauernd in eines reinlatscht. Leider bleibt dabei vieles auf der Strecke. Zum Beispiel der unbefangene Umgang miteinander, die Schönheit der Sprache und natürlich der Humor. Und manchmal auch die Intelligenz.

Es ist nun mal so, dass wir uns zur ersten Unterscheidung an dem Merkmal orientieren, das einen Mitmenschen am stärksten von anderen abhebt: groß, dick, Rollstuhl, großer Busen, dunkle Haut, rothaarig, ungewöhnlicher Name, langhaarig, Schnurrbart, Glatze, klein, schlank, Asiate etc. Solange man jemanden nicht etwas genauer kennt, ist das normal und keine Diskriminierung. Sonst wäre es ja auch diskriminierend, eine Kollegin, die vom Friseur kommt und plötzlich rote oder raspelkurze Haare hat, darauf anzusprechen.

Diskriminierung wird es erst, wenn man eine äußere Eigenschaft *auf Dauer* zum bestimmenden (oder gar ausschließenden) Merkmal des Betreffenden macht. Wer den Namen eines Menschen kennt, ihn aber weiterhin „den Behinderten" oder „den Schwatten"[*] nennt, handelt respektlos.

Auch die Verunsicherung im Umgang mit Menschen, die erkennbar anders sind als die Mehrheit, ist ok, solange

---

[*] *Für Eingeweihte: Ulf Kirsten ist die Ausnahme.*

HEUTE

- MME-SCHNITZEL
- POC-KUSS
- MAXIMALPIGMENTIERTENKOPF

man sie ausdrücken darf. Aber die Politische Korrektheit hat immer größere Zonen des Unsagbaren ausgewiesen. Mit der Folge, dass das Sprechen über reale Probleme, aber auch das unbefangene Interesse aneinander verhindert wird. Ob sich Menschen, die sich durch irgend etwas von der Mehrheit der anderen unterscheiden, bei einer Party wirklich wohler fühlen, wenn sie den ganzen Abend gemieden werden, weil sich niemand sicher ist, wie man sie korrekt anspricht?

Thomas Maess, Vizepräsident des Verbands der Redenschreiber deutscher Sprache, stellt die Frage nach den gesellschaftlichen Auswirkungen der PC so:

„Wie wird eine Gesellschaft aussehen, in der wir peinlich darauf achten müssen, kein falsches Wort zu sagen? Wie gehen wir miteinander um, wenn das Spiel von Charme und Ironie, von Flirt und Witz, disziplinierter Selbstkontrolle unterworfen wird und wir uns ständig auf die Lippen beißen? Können wir uns eine Welt vorstellen, in der wir unseren Verstand und unser Gefühl vor Gebrauch sterilisieren?" [*]

Wir wollen uns jedenfalls nicht vorstellen, in so einer Welt zu leben.

Und die Tabuisierung hat natürlich Folgen. So herrscht an vielen deutschen Schulen momentan auch deswegen ein unter dem Namen „Inklusion" eingeführtes Chaos, weil es tabu ist, lernbehinderte Kinder als solche zu bezeichnen, um ihnen sinnvoll helfen zu können. Stattdessen sagt man „I-Kinder". Immer neue euphemistische Wörter für Sonderklassen und Integrationsprogramme sollen erzwingen, dass behinderte und nicht behinderte Kinder zu einer Lerneinheit werden. Das alles ist aber graue Theorie – in Wirklichkeit handelt es sich um ein Bildungssparprogramm auf dem

---

[*] *Im Programmheft zum Kongress der deutschen Redenschreiber im August 2014.*

Frankfurt /M., im Januar 2017

**Interne Mitteilung
An alle PR-Agenturen**

Sehr geehrte Geschäftspartnerinnen und Geschäftspartner,

aufgrund zahlreicher Beschwerden über „negative Vorbildwirkungen" haben
wir uns entschlossen, unsere Richtlinien für die Archivierung von Fotos zu
verschärfen, die Personen der Zeitgeschichte (sog. „Promis") zeigen.
Die pda wird künftig nur noch Fotos archivieren, auf denen die Abgebildeten
ein Stück Fallobst in der Hand halten. In besonderen Härtefällen (Obstaller-
gie) kann auch eine Reiswaffel akzeptiert werden.
Nach langjährigen Beratungen mit allen relevanten Engagierten- und Opfer-
gruppen hat sich ergeben, dass alle anderen Varianten umstrittene oder un-
erwünschte Lebens- und Verhaltensweisen zeigen und deshalb abzulehnen
sind. Dies gilt bekanntlich für Zigaretten, Alkohol, tierische Produkte, zu-
ckerhaltige Waren und Produkte aus Weizenmehl. Aber auch das Zeigen von
angebautem Obst und Gemüse stieß auf Proteste von Frutariern. Ebenfalls
abzulehnen sind Schnittblumen, Gebrauchsgegenstände wie Kugelschreiber
etc., bei deren Herstellung übermäßige Chemikalien- und Grundwassermen-
gen verbraucht wurden, sowie Babys (Kindesmissbrauch). Und auch leere
Hände sind nach Auskunft von Anti-Sexismus-Initiativen nicht akzeptabel,
weil sie den Gedanken nahelegen, dass die abgebildete Person im Begriff ist,
zu masturbieren.

Wir bitten Sie um Verständnis, dass wir andere Fotos als die in der Richtlinie
genannten grundsätzlich nicht mehr annehmen können. Das Retuschieren
unerwünschter Gegenstände oder Hintergründe aus Fotos hat im abgelaufe-
nen Geschäftsjahr mehr als ein Drittel unserer Gesamtkosten ausgemacht.

Mit freundlichem Gruß

L. Bräunlinger-Merthesheimer
Direktx Bildarchiv

Rücken aller Kinder. Das darf man allerdings nicht sagen, weil man dann als behindertenfeindlich gilt. Die Suche nach dem besten Weg zum gemeinsamen Lernen von behinderten und nicht behinderten Kindern führt direkt durch ein von der Politischen Korrektheit angelegtes Minenfeld.

Ergebnis des Tabus: Kein Bundesland stellt ausreichend Geld für die anspruchsvolle Aufgabe der Inklusion bereit; die überforderten Lehrer müssen die viel zu gut gemeinten Theorien ausbaden und stehen alleine vor Klassen, in denen kein geregelter Unterricht möglich ist.

Übrigens: In Ländern mit vorbildlicher Schul- und speziell auch Inklusionspolitik wie den skandinavischen ist es keineswegs ein Tabu, das behinderte Kind beim Namen zu nennen.[*] Wir hingegen leisten uns den paradoxen Luxus, beim Integrieren von behinderten Menschen als Allererstes so tun, als wären sie nicht behindert bzw. als gäbe es sowas wie Behinderung gar nicht. Politische Korrektheit ist also wie ein japanischer Porno: Das Entscheidende wird verpixelt. Aber wie soll man Kindern helfen, wenn man den Grund nicht benennen darf, aus dem sie Hilfe brauchen? Wie kritisiert man Missstände, wenn man sie nicht benennen darf? Wie schafft man Verständnis für Eingewöhnungsschwierigkeiten, die Menschen wegen ihrer Herkunft, ihrer geringeren Bildung, ihrer anderen Kultur, ihrer religiösen Prägung haben, wenn man diese Gründe nicht benennen darf? Soll man so tun, als gäbe es ein Handicap nicht, anstatt auf den Menschen und sein Handicap einzugehen? Darf man, wie Kurt Beck es einst zur allgemeinen Empörung tat, einen ungepflegten Arbeitslosen darauf hinweisen, dass er im gewaschenen und rasierten Zustand größere Chancen hätte, seine von ihm selbst beklagte Situation zu verändern? (Darf man natürlich nicht! Jemanden

* http://jungle-world.com/artikel/2014/43/50771.html

Von Etikette über Proll zu PC:
Politisch korrekte Alltagskommunikation

Höflich:

„Bist du so lieb und reichst mir bitte die Butter?"

Modern:

„Eh gib Margarine du Opfa!"

Politisch korrekt:

„Eh gib veganen Brotaufstrich, du vom Bildungssystem nicht erreichte und sozial benachteiligte Person!"

Höflich:

„Ich fordere Sie zum Duell und erwarte Sie um 5 Uhr vor den Toren der Stadt."

Modern:

„Ich hau dir in die Fresse, Mann!"

Politisch korrekt:

„Ich plane einen gewaltförmigen Übergriff gegen dich Person!"

Amerikanische Austauschsch[...]

Eine 16jährige Schülerin aus Wisconsin (USA) hat die „Tagesschau" (ARD) auf Schadenersatz in Millionenhöhe verklagt. Grund: Eine schwere Traumatisierung durch die unerwartete Konfrontation mit dem Thema „Gewalt".

Am 14.7.2014 hatte die „Tagesschau" in der 20-Uhr-Ausgabe über die Spannungen in der Ostukraine berichtet. In diesem Bericht kamen unter anderem die Wörter „Militärflugzeug", „abgeschossen" und „Artillerieangriff" vor. Diese Reizworte lösten bei der Schülerin eine Panikattacke aus. Der Anwalt der Familie ist der Meinung, dass Nachrichtensendungen in Radio und TV generell ein mehrsprachiger Warnhinweis vorangestellt werden müsse.

Er führt aus: „Diese Sendungen konfrontieren die Zuschauer und Zuschauerinnen und Zuhörer und Zuhörerinnen regelmäßig mit unerfreulichen Realitäten wie Krieg, Hunger und Unwetter. Das kann niemandem zugemutet werden, nur weil er eine Nachrichtensendung einschaltet, die zudem ohne Altersbegrenzung verbreitet werden darf. Dasselbe gilt selbstverständlich auch für Zeitungen. Entsprechende Klagen sind in Vorbereitung."

n verklagt die „Tagesschau"

Die US-Schülerin selbst stand für ein Interview nicht zur Verfügung. Nachdem sie an einem deutschen Badestrand ein dreijähriges Mädchen ohne Oberteil gesehen hatte, erlitt sie einen nervösen Schock und wurde zu einer Langzeit-Psychotherapie in die USA zurückgeflogen. Die Eltern der Dreijährigen müssen ebenfalls mit einer Schadenersatzklage im 7- bis 8-stelligen Bereich rechnen.

zu kritisieren, der sich als Opfer versteht, ist politisch nicht korrekt und tabu – egal, wie dämlich er sich verhält.)

Solange man in solchen Situationen dem gesunden Menschenverstand, der Empathie und dem natürlichen Takt- und Höflichkeitsgefühl folgen konnte, war alles gut. Schwierig isses erst, seit die Tabumaschine der Politischen Korrektheit läuft. Kann der nicht mal jemand den Stecker ziehen?

ARMUTSZEUGNIS

Ein Trainingsparcours für politisch korrekte Sprache ist seit vielen Jahren das Arbeitszeugnis. Hier hat sich das PC-Prinzip bereits voll durchgesetzt: Man darf nicht benennen, was ist; vor allem Negatives ist tabu. Damit hat sich das Schriftstück von einer aussagekräftigen Beurteilung in eine Sammlung von Euphemismen und Geheimformeln verwandelt. Es geht nur noch darum, wie man verklausuliert mitteilt, was man eigentlich nicht sagen darf. Welchen Sinn das Ganze noch hat, fragt niemand.

Aber immerhin wird die Sache ab jetzt wieder einfacher. Sprachmathematiker haben errechnet, dass die Formulierungsmöglichkeiten für Personalchefs sich bis zum Jahr 2020 auf einen einzigen Satz reduzieren werden:

Person XXX hat immer alles optimal gemacht und sich immer tadellos verhalten.

Leider beschränkt sich die PC nicht darauf, das Benennen unangenehmer *Tatsachen* zu tabuisieren. Auch vom politisch korrekten Mainstream abweichende *Meinungen* werden nicht geduldet. Der öffentliche Austausch von Argumenten wird allerdings schwieriger und unergiebiger, wenn der Satz „Ich bin anderer Meinung als du" mehr und

Das 1. politisch korrekte Skatspiel

Die neue Skatregeln (Auszug):

Um Ausgrenzung zu vermeiden, wird für Zahlenwerte generell der Durchschnittswert der herkömmlichen Zahlen 7–10 verwendet.

Das As und der Grand werden wegen Exzellenzverdacht abgeschafft.

Um die potenziell traumatisierende Konstellation „Eins gegen zwei" zu vermeiden, gibt es immer eine gerade Anzahl von Spielern (zwei, vier, sechs, acht ...). Keine Person wird ausgegrenzt. Jede Person darf mitspielen, sofern die Person eine weitere Person mitbringt.

Das „Stechen" (Trumpfen) wird wegen der Gewaltförmigkeit dieser Handlung abgeschafft.

Die bisherige Farbe „Kreuz" ♣ wird wegen der grundgesetzlich festgeschriebenen religiösen Neutralität des Skates umbenannt in „Waagerechte und senkrechte Linie". **Grundwert: 10,5**

Die bisherige Farbe „Pik" ♠ wird im Rahmen der Anti-Aggressions-Kampagne umbenannt in „Nicht-rassistische Bio-Zwiebel". **Grundwert: 10,5**

(Triggerwarnung!) Die bisherige Farbe „Herz" ♥ wird wegen der möglichen Assoziationskette „Liebe – Sex – Vergewaltigung" umbenannt in „Rotes Objekt mit runden Konturen". **Grundwert: 10,5**

Die bisherige Farbe „Karo" ♦ behält mangels momentan erkennbarer Inkorrektheit den Namen „Karo". **Grundwert: 10,5**

Legende:
P = Person
P = Person
H = Herrschperson

Beispiel für die Abrechnung:

„Wir hatten die Waagerechte-und-senkrechte-Linie-Person und die Rotes-Objekt-mit-runden-Konturen-Person. Eine Trumpffarbe gab es nicht, aber wir hatten viele nicht-rassistische Bio-Zwiebeln. Deshalb:

Mit 1 Person, Spiel 2 Person mal 10,5 = 21 Punkte für alle Mitspielpersonen."

mehr abgelöst wird durch „Das darfst du (oder: ‚darf man')
nicht sagen". Wir wagen mal die These, dass die unappetit-
liche AfD weniger erfolgreich wäre, wenn das von ihr aus-
genutzte Gefühl, „man" dürfe ja „nichts mehr sagen", keine
reale Grundlage hätte.

Und es ist auch aus einem anderen Grund gefährlich für
eine Gesellschaft, wenn das öffentlich geduldete und das
private Sprechen zu weit auseinanderklaffen: Die Zustim-
mung zum gemeinsamen Wertesystem bröckelt. Ein Beispiel für diesen Mechanismus (der natürlich andere Gründe
hatte) ist die DDR, wo es eine offizielle Sprache und Meinung gab – und die nur versteckt geäußerte eigentliche
Sichtweise.

EU-Parlament verabschiedet neue Fernsehrichtlinie

Die neuen Regeln für Fernsehsendungen sind beschlossene Sache. Ab 2017 dürfen in der EU vor 23:00 Uhr nur noch Filme und Sendungen ausgestrahlt werden, in denen die Hauptrollen entsprechend dem Anteil der folgenden Gruppen an der Bevölkerung besetzt sind.

– Frauen
– **Männer**
– Andere Geschlechterzugehörigkeit
– **Nicht-Weiße**
– **Behinderte**
– **Tiere**

Generell nicht mehr ausgestrahlt werden dürfen Filme, in denen Folgendes konsumiert wird:

– **Tabak**
– **Alkohol**
– **Andere Drogen**

– **Pornographie**
– **Tierische Produkte**
– **Filme, in denen die Hauptrollen nicht ... (s.o.)**
sowie Filme, in denen geflucht wird.

Auf ein partielles Ausstrahlungsverbot für Filme mit expliziten Gewaltszenen konnte sich die EU-Kommission bisher nicht einigen. Allerdings sollen Filme, in denen sich Gewalt gegen Frauen, geschlechtlich nicht festgelegte Menschen, Nicht-Weiße, Behinderte oder Tiere richtet, in das Ausstrahlungsverbot aufgenommen werden.

Die Richtlinie gilt im Übrigen auch für Videoportale wie „YouTube": Vor 23:00 dürfen keine entsprechenden Videos hochgeladen werden.

Vorsicht, Wirklichkeit!

Warnschilder, Textänderungen und Weichspülbegriffe umgeben uns wie eine allgegenwärtige Gummizelle. Das Tabuisieren von Wörtern, Meinungen und Themen erzeugt eine zunehmende Angst vor der Realität.

Beispiele für das Bemühen besorgter Eltern, ihre Kinder abzuschotten vor allen echten und eingebildeten Gefahren und Unerfreulichkeiten des Lebens finden sich im Kapitel „Schützt die Kinder!" Unter Erwachsenen (na ja ...) hat sich die „Triggerwarnung" inflationiert. Zur Erläuterung: Ein „Trigger" ist ein Auslöser für die schmerzliche Erinnerung an eine traumatisierende Situation. Der Begriff wurde bis vor einigen Jahren nur im Zusammenhang mit „posttraumatischen Belastungsstörungen" aufgrund „schwerer seelischer oder körperlicher Verletzungen"[*] verwendet. Mittlerweile haben ihn sich verhuschte Sensibelchen geschnappt, um ihre Überempfindlichkeit gegen das aufzuwerten, was man da draußen als „das Leben" bezeichnet, und sich als Opfer fühlen zu können. Sollen die tatsächlich Traumatisierten doch sehen, wo sie einen neuen Begriff herbekommen.

Hier ein schönes Beispiel – Feministinnen werden vor der Lektüre von EMMA-Texten gewarnt:

[Vormerkung: Teilweise sind die Texte der EMMA auf die ich mich beziehe, verlinkt. Die Wortwahl dort ist in keinster Weise sensibel, verharmlost/verleugnet u.a. Rassismus-Erfahrungen und negiert alles außerhalb der Zweigeschlechtlichkeit. Achtet auf euch, wenn ihr die Links anklickt.][**]

---

[*] Wikipedia, Artikel „Trigger"
[**] http://geschlechterchaos.wordpress.com/2013/01/18/die-letzte-emma-warum-es-jetzt-echt-reicht/ (zitiert mit allen Fehlern)

Die aktuellen Top 3 der Wirklichkeitspanik:

3) Lesbenfriedhof: In Berlin können Frauen neuerdings über den Tod hinaus sicher sein, niemals dieselbe Funkzelle mit MÄNNER-MONSTERN teilen zu müssen.

2) Tom und Jerry: Amazon versieht einige Videos neuerdings mit der Warnung „Tom-und-Jerry-Clips beinhalten ethnische und rassistische Vorurteile, die in der amerikanischen Gesellschaft früher an der Tagesordnung waren. Sie waren damals falsch und sind es heute noch."

1) Bücher: An einigen US-Unis fordern Studenten Warnschilder, die sie vor dem Aufschlagen etwa von „Krieg und Frieden", „Lolita" oder „Die Farbe Lila" vor den grauenhaften Themen warnen, die dahinter lauern.

Vorsicht, Schild!

Und hier 3 Vorschläge für die Zukunft:

1) Tiere: An allen Säugetieren sollten Warnschilder festgetackert werden: *Vorsicht, lebendes Tier! Unvorhergesehene Handlungen wie Aggression, Paarung etc. können Menschen verstören. Tiere werden von manchen Menschen gegessen. Der Anblick eines Tiers kann an diese grausame Praxis erinnern.*

2) Geschichte: Wegen der Grausamkeiten, die früher vorkamen (Krieg, Sklaverei, Prinzessinnen etc.), sollte das Fach von Schul- und Universitätslehrplänen gestrichen werden.

3) Gerichtsverhandlungen: Die archaische Gewohnheit, öffentlich unerfreuliche Dinge wie Gewalt, Betrug und Raub zu verhandeln und damit Millionen von Triggern zu setzen, sollte beendet werden. Geheime Gerichtsverhandlungen können bekanntlich gerade Schwächere schützen.

Moralsprak

Das Lieblingsspielfeld der Politischen Korrektheit ist die Sprache. Vorschriften, was man wie zu sagen habe beziehungsweise nicht sagen dürfe, machen einen Großteil der Produktion dieser ergiebigen Fabrik aus.

Der Feuilletonchef der „Süddeutschen", Andrian Kreye, hat – wiewohl der Sympathie mit konservativen PC-Gegnern eher unverdächtig – den Sprachpolizisten einige deutliche Sätze ins Stammbuch geschrieben:

„Sprachpolitik hat eine lange, unselige Geschichte. (...) Ihr Ziel war die absolute Unterwerfung der ‚anderen'. (...) Lange wird man sich merken, dass es in Deutschland Deutsche gibt, die das ‚andere' aus ihrer Sprache merzen wollen." [*]

Ok, Kreye schrieb damals über den unsäglichen CSU-Vorschlag, Migranten sollten in ihren Familien gefälligst deutsch sprechen, der im Dezember 2014 kurz die Gemüter erregte – aber seine klugen Sätze haben Allgemeingültigkeit. Denn auch die Sprachpolizisten der PC identifizieren Teile unserer Sprache als das „andere", das ausgemerzt gehört. In der Regel ist es das Männliche – wobei grammatisches und sexuelles Geschlecht munter in einen Topf geworfen werden.

Das ganze Elend fing ja schon damit an, dass Jesx von Nazareth durch einen willkürlichen Akt männlicher Evangelisten zum Mann gemacht wurde. Aber das erbittertste und längste Gefecht auf diesem Schlachtfeld begann erst um 1980. Strenggenommen geht es um eine linguistisch-grammatikalische Fachfrage, die aber seit über 30 Jahren politisch aufgeladen ist: das „generische Masku-

---

[*] *Leitartikel „Sprache als Waffe" vom 9.12.2014*

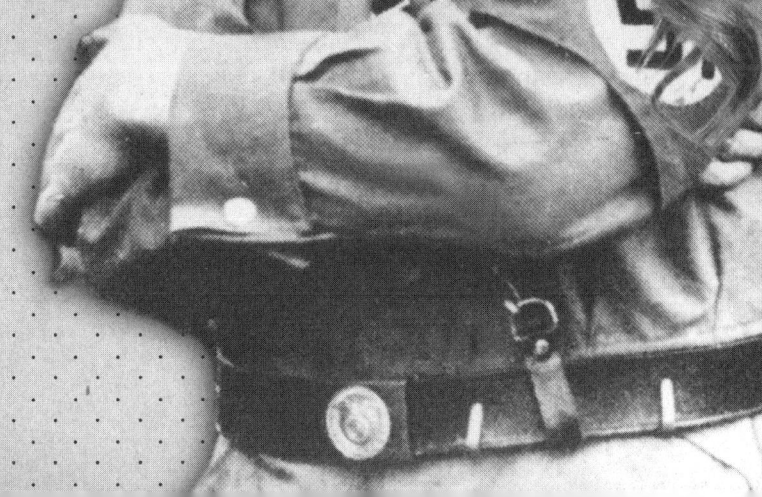
»Ich aber beschloss, Politikerin zu werden!«

linum". Ohne Zweifel verursacht durch die jahrtausende-
lange männliche Dominanz in allen Lebensbereichen,
hatte sich im Deutschen die Übereinkunft gebildet, eine
gemischtgeschlechtliche Vielzahl von Menschen mit der
männlichen Pluralform zu bezeichnen, also „die Autofahrer" zu sagen, wenn man alle autofahrenden Menschen
gleich welchen Geschlechts meint. Der Feminismus hat irgendwann den Finger in die Wunde gelegt und zunächst
absurde generische Formen kritisiert, bei denen ganz konkrete Personen als Mann angesprochen wurden, obwohl
sie weiblich waren. Dass in einem Gesetzentwurf stand
„Wenn der Arzt im Praktikum schwanger wird ...", war ein
berühmtes Beispiel.

Es werden vor allem zwei Fragen diskutiert:
1.) Trifft es (immer noch) zu, dass Frauen nicht mitgemeint sind und nicht mitgedacht werden, wenn man die
männliche Form verwendet?
2.) Welchen Aufwand sollte man treiben, um die Sprach-
geschichte zu korrigieren? Muss der Sprachgebrauch stets
die aktuell gültige Gesinnung ausdrücken, oder ist Sprache ein praktisches Verständigungsmittel, dessen bewusste
Veränderung die Kommunikation behindert?
Dabei stehen sich die Lager ziemlich unversöhnlich gegenüber. Während beispielsweise die feministische Lingu-
istin Marlis Hellinger Sprache als „Instrument des sozialen
Protests sowie der Aufrechterhaltung des *status quo*"[*] betrachtet, und die Pionierin der feministischen Sprachveränderung, Luise F. Pusch, nicht gerade geschmackssicher
die „sprachliche Auslöschung" von Frauen durch die traditionelle Grammatik beklagt, betont der Pädagoge Arthur

---

[*] *https://www.journalistinnen.de/tl_files/data/seiten/Gender/
gender_hellinger.pdf*

Die USA –
das Land der begrenzten geistigen Möglichkeiten

Warum nur leben die Menschen in den USA soviel sicherer als wir? Nicht nur dank der flächendeckenden Bewaffnung und dem strengen Kündigungsschutz. Die Menschen dort werden auch durch hilfreiche Schilder vor unverhofften traumatischen Zusammenstößen mit der Wirklichkeit bewahrt.

Bekannt sind die Warnungen, dass Kaffee heiß sei und dass Erdnüsse Spuren von Erdnüssen enthalten könnten. Und die Information, dass Bäume – anders als Menschen und Tiere – nicht weggehen, wenn man auf sie zufährt, hat sicherlich schon unzähligen Menschen (und Bäumen) das Leben gerettet. Wir sollten diese gute Sitte auch für Europa übernehmen – vor allem, um Traumatisierungen zu verhindern.

Ein Beginn wäre, an jeder Mutter das folgende Schild zu befestigen:

Brühlmeier, dass Sprache in erster Linie ein Verständigungsmittel sei, das durch künstliche Eingriffe nicht besser werde:

**„Es verwundert nicht, wenn zunehmend auch Frauen die
neuen Sprachgebräuche als lästig, ja sogar als lächerlich empfinden und keinen echten Gewinn darin zu sehen vermögen,
beim Lesen immer wieder die Banalität bestätigt zu bekommen, dass dem Schreiber die Zweigeschlechtlichkeit des Menschen bewusst war."** [*]

Zudem findet Brühlmeier, dass die deutsche Grammatik
sich gerade durch ihre Nicht-Geschlechtlichkeit auszeich-
net. Erst die ausdrückliche Mit-Nennung der weiblichen
Form habe den Sexismus in die Sprache eingeführt, indem
sie das *grammatisch* Maskuline und Feminine (Genus) zum
real Männlichen und Weiblichen (Gender) gemacht habe.
Damit verliere die deutsche Sprache ihren wichtigsten Ober-
begriff, nämlich den „allgemeinen, nicht unter geschlecht-
lichem Aspekt ins Auge gefassten Menschen". Man kann es
auch noch pointierter sagen: **„Durch die Formel *man/frau*
werden Menschen weiblichen Geschlechts aus der durch *man*
bezeichneten Gruppe herausgenommen – was ähnlich sinnvoll
ist, als spräche man von Menschen und Frauen."** [**]

Argumente gegen die Vorstellung, mit dem grammatisch männlichen Geschlecht seien auch biologisch nur
Männer gemeint, gibt es jedenfalls viele. So wären es eigentlich ja die *Endungen* der grammatisch männlichen
Personenbezeichnungen, also zum Beispiel *-oge, -er* und *-ist*
(wie in „Pädagoge", „Fahrer" und „Internist"), die als männlich im sexuellen Sinne zu tilgen sind. Konsequenterweise

---

[*] *http://www.bruehlmeier.info/sprachfeminismus.htm mit vielen anschaulichen Beispielen*
[**] *Ralph Babel, Politisch korrekte Sprache, http://faql.de/pc.html*

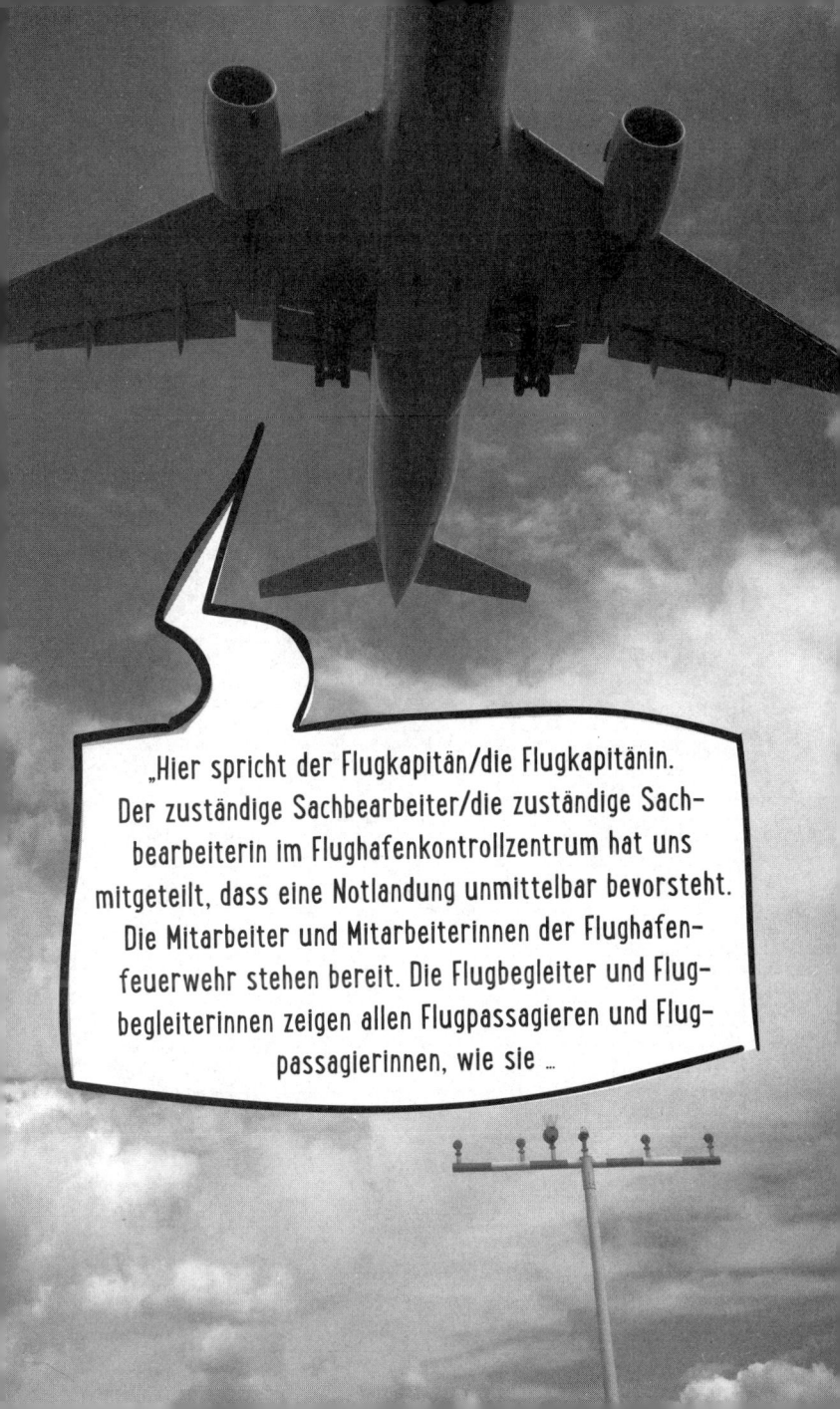

„Hier spricht der Flugkapitän/die Flugkapitänin. Der zuständige Sachbearbeiter/die zuständige Sachbearbeiterin im Flughafenkontrollzentrum hat uns mitgeteilt, dass eine Notlandung unmittelbar bevorsteht. Die Mitarbeiter und Mitarbeiterinnen der Flughafenfeuerwehr stehen bereit. Die Flugbegleiter und Flugbegleiterinnen zeigen allen Flugpassagieren und Flugpassagierinnen, wie sie …

Bewertungstabelle für die Qualität von Literatur und Musik

Der Autor / die Autorin / der Musiker / die Musikerin …	Plus	Minus
… ist bei der WM für Deutschland		X
… ist schwul / lesbisch	X X	
… engagiert sich für Flüchtlinge	X	
… ist Feministin	X X X	
… legt Wert auf Manieren		X
… hat Angela Merkel schon mal die Hand gegeben		X X X
… lebt vegan	X X	
… schreibt gute Literatur	X	
… schreibt Manifeste statt Literatur	X X	
… betrügt seine Frau		X X X
… betrügt ihren Mann	X X	
… hat Migrationshintergrund	X X	
… ist ein Macho		X X X
… ist ein Macho mit Migrationshintergrund	TILT!	TILT!
… hat Katzen	X X	
… hat einen Hund		X X
… ist musikalisch	X	
… ist religiös		X X
… hat Phantasie	X	
… ist verheiratet		X
… legt Wert auf das Urheberrecht		X X
… liest die FAZ.		X X
… schreibt für die FAZ.		X X X

Der Autor / die Autorin / der Musiker / die Musikerin ...	Plus	Minus
... raucht		x x
... kifft	x x	
... kann Geschichten erzählen	x	
... hat Erfolg mit seiner Kunst		x x
... ist beliebt		x
... war schon einmal Opfer diskriminierender Äußerungen	x x	
... hat schon einmal jemanden diskriminiert, z.B. als „hässlich", „dick" o.ä.		x x x
... lebt auf dem Land		x
... lebt in Berlin		x
... lebt nicht in Berlin		x
... lebte zwischen 1933 und 1945		x
... lebte zwischen 1933 und 1945 in Deutschland		x x x
... lebte mal in den USA		x x
... teilt Joachim Gaucks Wertschätzung der Freiheit		x x
... ist Gewerkschaftsmitglied	x x	
... war Soldat		x x x
... schreibt nur in der männlichen Form		x x x x

Diese Kriterien gelten uneingeschränkt auch für bereits verstorbene Künstler.
Auswertung: Plus- und Minuspunkte addieren.[*]
Positives Ergebnis: Man darf die Kunst dieses Autors/Musikers gut finden.
Negatives Ergebnis: Bäh! Pfui! Und alle singen mit:
Da-has kann kein gu-hu-te-her Künstler sein,
Dem niemals fi-hiel da-has gesellschaftlich Relevante und Richtige ein.

---

* Warnhinweis: Diese mathematische Operation kann traumatische Erinnerungen an die Schulzeit wecken!

müsste man die weibliche Endung, die Frauen sichtbar machen soll, also wie die männliche direkt an den Wortstamm anhängen: *Pädagin, Fahrin* und *Internin.* Auch engagierte Frauen sagen aber doch meistens „Pädagogin", „Fahrerin" und „Internistin". Was spätestens beim Wort „Feministin" auch nachvollziehbar ist – aber zugleich belegt, dass Genus eben nicht identisch ist mit Gender.

(Apropos: Eine glatte Gemeinheit ist übrigens die Herkunft des Begriffs *femina* für „Frau": Er geht auf den indogermanischen Begriff für „säugen" zurück. Das Wort *Feminismus* reduziert Frauen sprachlich also auf milchgebende Wesen. Uiuiui!)

Wir meinen jedenfalls, dass momentan zu viele aus ideologischen Gründen unlesbar gemachte Texte entstehen – egal ob in Deutschland, Österreich oder der Schweiz. So lässt sich zum Beispiel in einer Mitteilung der Patientenstelle Aargau-Solothurn Folgendes über die medizinische Schweigepflicht nachlesen: **„Grundsätzlich untersteht jeder Arzt / jede Ärztin der Schweigepflicht. Es gibt jedoch Ausnahmen. Wenn der Patient / die Patientin die Ärztin / den Arzt von der Schweigepflicht entbindet, darf diese/r Auskunft erteilen. (...) Der/die behandelnde Arzt/Ärztin ist verpflichtet, den Kantonsarzt / die Kantonsärztin über Infektionskrankheiten wie zum Beispiel Aids zu informieren."** [*]

Und wir glauben auch, dass man mit jedem vermeintlich im feministischen Sinne gelösten Sprachproblem mindestens ein neues schafft. So empfiehlt der Duden beispielsweise zur Vermeidung geschlechtsspezifischer Diskriminierung, statt *Jeder Autofahrer kennt dieses Problem* besser zu sagen: *Alle Autofahrer(innen) kennen dieses Problem.* So

---

* *Zitiert nach: Claudia Wirz, Neusprech für Fortgeschrittene, NZZ, 8.7.2013*

Ende der Diskriminierung in Krankenhäusern:
Krankenkassen erzwingen genderneutrale Kreißsäle

Lob vom bundesweit einzigen männlichen Gleichstellungsbeauftragten; Kritik von den Krankenhäusern: Die scherzhaft QdK („Quadratur des Kreißsaals") genannte Richtlinie der Krankenkassen zur Gleichstellung der Geschlechter in den Geburtsbereichen der deutschen Kliniken hat ein gemischtes Echo ausgelöst.

Kreißsäle müssen künftig so eingerichtet sein, dass sich dort auch Menschen wohlfühlen, die keine Kinder bekommen können. Für sie müssen ebenfalls medizinische Leistungen und Betreuer bereitgestellt werden. Die Anwesenheit schreiender Neugeborener ist mit Rücksicht auf den Schonungsbedarf der Patienten künftig verboten. Insbesondere der letzte Punkt stieß auf vorsichtige Kritik. Diese wurde von der Sprechperson X des Gleichstellungsverbands XXX energisch zurückgewiesen: Kategorien wie „praktikabel" oder „sinnvoll" seien irrelevant und „objektiv sogar menschenfeindlich", wenn es um die Durchsetzung der gendergerechten Gesellschaft in allen Lebensbereichen gehe. So sollten im nächsten Schritt die Unterschiede zwischen gynäkologischen und urologischen Praxen sowie den entsprechenden Facharztausbildungen aufgehoben werden.

Enttäuscht zeigte X sich von der Kritik einiger Mütter- und Frauenverbände. Diese hatten die QdK-Richtlinie als „möglicherweise übertrieben" bezeichnet und ihr Bedauern über das Verschwinden des Kreißsaals als „letzten weiblichen Rückzugsraum" ausgedrückt.

weit, so unelegant. Aber was macht man mit dem Satz *Jeder zweite Autofahrer kennt dieses Problem?* So belassen kann man ihn jedenfalls nicht, sobald sich die Ächtung von *jeder* durchgesetzt hat.

Und was ist mit zusammengesetzten Wörtern wie *Studentenvertreter?* Konsequent wäre ja: *Studentinnenvertreter und Studentenvertreter und Studentinnenvertreterinnen und Studentenvertreterinnen.* Und zwar nicht einmal. Sondern jedes Mal, wenn man die *Studentinnenvertreter und Studentenvertreter und Studentinnenvertreterinnen und Studentenvertreterinnen* erwähnt. Zum Beispiel in der *Wahlordnung für Studentinnenvertreter und Studentenvertreter und Studentinnenvertreterinnen und Studentenvertreterinnen.*

Paradoxerweise schafft die weibliche Form übrigens genau dann Probleme mit der Logik, wenn man eine geschlechtsspezifische Aussage treffen will: Der Satz „Die diesjährige Physiknobelpreisträgerin ist eine Frau" ist erkennbar doppelt gemoppelter Quatsch. Sinnvoll ist hier nur das generische Maskulinum „Nobelpreisträger". Und die Aussage „Frauen sind die besseren Linguistinnen" ist ebenfalls Unsinn – nicht mal Frauen können schließlich besser sein als sie selbst.

Und überhaupt: Wo fängt man an und wo hört man auf? Müsste man nicht auch den Gleichklang des Singularpronomens *sie* (die Frau) mit dem Pluralpronomen *sie* (viele Personen) thematisieren? Warum nutzen wir ein weibliches Wort für eine geschlechtlich gemischte Gruppe – und sogar für eine rein männliche? Und ist das angeblich neutrale Wort *Geschwister* aus Männersicht akzeptabel?

Umgekehrt ist das Fragewort *Wer* doch arg nah am männlichen *Er.* Da muss was Neues her!

ADAC FORDERT MEHR SICHERHEIT IN DEUTSCHEN AUTOS!

US-Autos haben auf dem Außenspiegel ein Schild, das darauf hinweist, dass darin sichtbare Autos näher sind, als sie scheinen.

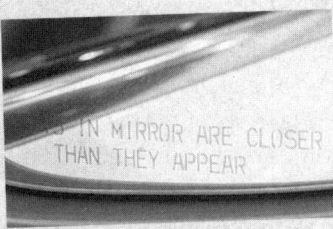

Der ADAC hat jetzt kritisiert, dass die Bundesregierung sich darauf beschränken will, diese Maßnahme für deutsche Autos einfach so zu übernehmen. Es sei fahrlässig, nicht auch auf weitere Risiken hinzuweisen.

Auch die Angabe *Die Berliner Bürgermeisterin* ist natürlich fragwürdig – *Berliner* klingt nicht nur nach Schmalzgebäck, sondern vor allem nach Mann.

Für Begriffe wie *Kaufmännisches Denken* und *Weltmännisches Gehabe* brauchen wir auch Ersatz.

Und: Muss nicht auch die Gebärdensprache reformiert werden? Wer weiß, was da an Sexismus schlummert?

Ein vermeintlicher Ausweg aus der selbsterfundenen Misere ist die Partizipform: *Lehrende* statt *Lehrerinnen und Lehrer* und *Studierende* statt *Studenten und Studentinnen*. Wir freuen uns schon auf die mutigen *Raumfahrenden* und *Flugzeugführenden* (Astronauten und Piloten) und fürchten die *Entführenden* und *Erpressenden*. Blöd allerdings, dass diese Lösung nur im Plural funktioniert – *der Lehrende* ist genauso sexistisch wie *der Lehrer*. Aber immerhin ist es länger und klingt irgendwie korrekter. Wir werden uns schon dran gewöhnen, *der Studierende* statt *der Student* zu sagen.

An den *Auszubildenden* haben wir das ja schon geübt – aber wenn man das Wort nochmal über die Zunge rollen lässt, merkt man: synthetisches Plastikdeutsch aus der politisch korrekten Wortmastanlage.

Was aber machen wir aus dem *Absender*? Einen *Absendenden*? Was wird aus dem *Künstler* und der *Künstlerin*? Die *Kunstschaffende Person*? Und aus den *Protestanten* werden *Protestierende*? Sagen wir künftig *Schreibende* statt *Autoren*? *Politik Betreibende* statt *Politiker*? Und was ist mit Wortzusammensetzungen? Schreiben *Studienratende* künftig *Lesendenbriefe*, wenn die *Redigierenden* mal wieder zu nachsichtig mit den *Regierenden* und vor allem mit den *Politik Betreibende Beratenden* im Hintergrund umgegangen sind?

PC-DENKSPORT

Da das Leipziger Referat für Gleichstellung & Lebensweisenpolitik das Zeichen auf seiner Homepage selbst
verwendet ...

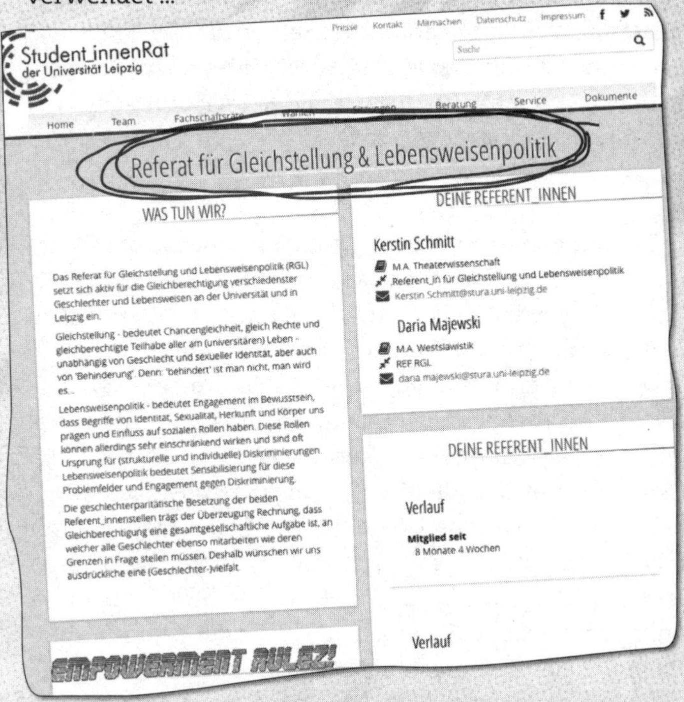

Presse Kontakt Mitmachen Datenschutz Impressum f y ℈

Student_innenRat
der Universität Leipzig

Suche 🔍

Home Team Fachschaftsrat Wahlen Gremien Beratung Service Dokumente

Referat für Gleichstellung & Lebensweisenpolitik

WAS TUN WIR?

Das Referat für Gleichstellung und Lebensweisenpolitik (RGL)
setzt sich aktiv für die Gleichberechtigung verschiedenster
Geschlechter und Lebensweisen an der Universität und in
Leipzig ein.

Gleichstellung - bedeutet Chancengleichheit, gleich Rechte und
gleichberechtigte Teilhabe aller am (universitären) Leben -
unabhängig von Geschlecht und sexueller Identität, aber auch
von 'Behinderung'. Denn: 'behindert' ist man nicht, man wird
es ..

Lebensweisenpolitik - bedeutet Engagement im Bewusstsein,
dass Begriffe von Identität, Sexualität, Herkunft und Körper uns
prägen und Einfluss auf soziale Rollen haben. Diese Rollen
können allerdings sehr einschränkend wirken und sind oft
Ursprung für (strukturelle und individuelle) Diskriminierungen.
Lebensweisenpolitik bedeutet Sensibilisierung für diese
Problemfelder und Engagement gegen Diskriminierung.

Die geschlechterparitätische Besetzung der beiden
Referent_innenstellen trägt der Überzeugung Rechnung, dass
Gleichberechtigung eine gesamtgesellschaftliche Aufgabe ist, an
welcher alle Geschlechter ebenso mitarbeiten wie deren
Grenzen in Frage stellen müssen. Deshalb wünschen wir uns
ausdrückliche eine (Geschlechter-)Vielfalt.

DEINE REFERENT_INNEN

Kerstin Schmitt
📖 M.A. Theaterwissenschaft
🏃 Referent_in für Gleichstellung und Lebensweisenpolitik
✉ Kerstin.Schmitt@stura.uni-leipzig.de

Daria Majewski
📖 M.A. Westslawistik
🏃 REF RGL
✉ daria.majewski@stura.uni-leipzig.de

DEINE REFERENT_INNEN

Verlauf

Mitglied seit
8 Monate 4 Wochen

Verlauf

... stellen wir doch mal die Frage:
Wie heißt dieses Zeichen?

➡ &

Und wie könnte es politisch korrekt heißen?

Lösung auf S. 184. Achtung: Explizite Triggerwarnung!

Das eigentliche Problem jedoch ist: Die Partizipform dient dazu, auszudrücken, was jemand in einem bestimmten Moment tut – also gerade nicht zur Benennung dauerhafter Eigenschaften wie zum Beispiel eines Berufs. Sinnvoll ist das Partizip in dem Satz: *„Das singende und hüpfende Kind versperrte den Gehweg."* Eher verwirrend wäre – insbesondere wenn man ihn nur hört, etwa im Radio – der Satz: *„Wie soeben gemeldet wird, ist der Singende Luciano Pavarotti bereits am Sonntag verstorben."*

Der Kampf um die Stellung des Weiblichen in der Grammatik war noch gar nicht ausgefochten, als bereits die nächste Genderkomplikation auf den Tisch kam. Denn wenn man erstmal das Missverständnis durchgesetzt hat, beim grammatischen Genus handele es sich um eine sexuelle Geschlechtsangabe, darf man natürlich nicht bei den zwei Geschlechtern Mann und Frau stehenbleiben. Unbestrittenermaßen gibt es schließlich viel mehr als diese beiden geschlechtlichen Orientierungen. Die Aufgabe, diese Vielfalt in der Grammatik abzubilden und die Vermeidung einer „zweigendernden Sprache" für alle verbindlich durchzusetzen, ist ein herrliches Tummelfeld für Genderforschx, Linguistx und Gleichstellungsbeauftragtx. Deren Lehrstühle und Arbeitsplätze dürften für die nächsten Jahrzehnte gesichert sein, wie die Seiten 43 und 45 zeigen.

Natürlich gab es auch schon Kritik an den vielgendernden Reformvorschlägen. Und nicht nur von heterosexuellen weißen alten Säcken. Mit den neuen Vorschlägen werde „dem etablierten System aus zwei Geschlechtern viel Raum beigemessen, darüber Hinausgehendes dagegen als ‚Anderes' pathologisiert und an den Rand gestellt", fand der Linguist Persson Perry Baumgartinger.[*] Warum

---

* Wikipedia.de, Artikel „Generisches Maskulinum"

Gendergerechte Sprache –
die Uni Klagenfurt hat schon mal angefangen:

Gender_Gap

Der sogenannte Gender_Gap wird als Unterstrich zwischen männlicher und weiblicher Form eingefügt. Er soll unter anderem verwendet werden, um Intersexuelle und Transgender in die Sprache miteinzubeziehen. Diese werden mit dem Unterstrich repräsentiert.
Beispiel: *der_die Autor_in.*

Stern*

An Wörter oder Wortstämme hängt der Schreiber einen Stern an. Das grammatische Geschlecht wird bei dieser Variante oft ausgespart. Leser mit festgefahrenen Gewohnheiten sollen auf diese Weise irritiert werden. Es bleibt ihnen überlassen, sich die Endungen dazuzudenken.
Eine Variante unter vielen: *Ein* schlau* Stud* liest ein Buch.*

Dynamischer Unterstrich

Bei dieser Variante des geschlechtergerechten Schreibens kann in Wörtern an beliebiger Stelle ein Unterstrich gesetzt werden. Indem der Unterstrich wandert, soll deutlich gemacht werden, dass es keinen festen Ort gibt, an dem „ein Bruch in Zweigenderung" stattfindet.
Beispiel: *ei_ne inter_essierte Le_serin.*[a]

Das kann wirklich jed* Stud_ent und St_udentin umsetzen. Und je de Profess* korrigieren. Allerdings muss d* Stud* das Rechtschreibprogramm ausschalten, weil d* Stud* sonst lauter rote Unterstriche unter den Unterstrichen hat.

---

[a] *http://www.kleinezeitung.at/k/kaernten/klagenfurt/4591214/Kaernten_An-der-Uni-wird-kurios-gegendert*

ein Stern oder ein Unterstrich *in der Mitte* eines Worts die dadurch Bezeichneten *an den Rand* stellt, wird nicht ganz ersichtlich, aber sie tun uns auf jeden Fall total leid. Der Gegenvorschlag von Baumgartinger lautete, man solle sowohl Endungen als auch geschlechtsspezifische Pronomina doch einfach ganz abschaffen und durch einen Stern ersetzen. Gute Idee! Weg mit allem, was auf ein grammatisches Geschlecht hindeutet! Obelix sagt also künftig: „* spinnen, * Röm*!" Und Christen trösten sich mit „* * ist * Hirt*." Wir gratulieren! Und denken, genau das hätte Orwell auch vorgeschlagen, wenn er das Genderproblem in seiner ganzen Tiefe erfasst hätte.

Aber das Elend geht noch weiter:

In einem Entwurf zu den europäischen Verfassungsverträgen wurden aus Gleichstellungsgründen abwechselnd die Bezeichnungen *Mensch* und *Person* benutzt. Offenbar sollten damit die Spuren der männlichen Vorherrschaft aus der Sprache getilgt werden. Was durch die Verwendung des Worts „Mensch" allerdings nicht gelingt, weil „Mensch" und „Mann" dieselben Wurzeln haben.

(Übrigens in sehr vielen Sprachen – weshalb es durchaus eine gewisse Komik hat, dass eine 1992 in den USA erschienene politisch korrekte „Stillehre" empfahl, den „sexistischen" Begriff *mankind* durch *humans* zu ersetzen. Auch von ihrem Ursprung her bedeuten beide Wörter dasselbe, nämlich sowohl „Mann" als auch „Mensch".)

Als politisch korrekte Bezeichnung für humanoide Wesen bleibt also nur noch *Person*. Wenn aber alles rausfliegen muss, was auf *Mensch / Mann* zurückgeht, kriegt man allmählich echt Probleme. *Jemand* und *niemand* müssen auch weg. Und *man* ja sowieso. Und *human* inklusive aller Wortverbindungen wie *Humanismus, Humanität* geht auch nicht

Gendergerechte Sprache – die Veranstalterinnen der Hamburger Frauen*hochschulwoche haben auch noch einen:

Gender-Stern (*) oder Gender-Gap (_) & das Binnen-I

Den ersten Buchstaben nach dem Sternchen/der Gap groß schreiben, um die Betonung auf die weiblichen Bezeichnung zu legen.

z.B. *ein*E Lehrer*In* **oder** *die_der Busfahrer_In*

Berufsbezeichnungen

Manchmal sind Berufsbezeichnungen geschlechtsspezifisch. Diese kann mensch oft durch eine geschlechtsneutrale Berufsbezeichnung ersetzen.

z.B. *Putzfrau R Reinigunskraft* **oder** *Krankenschwester R Pflegekraft*

Geschlechtsneutrale Wörter

Viele Wörter geben ein Geschlecht an. Doch viele dieser Wörter können auch umgangen oder abgeändert werden. Das ist reine Gewohnheit!

z.B. *man R mensch* **oder** *jede*r R alle*

Generell gilt: Geschlechtergerechte Sprache darf ruhig stören und den Lesefluss unterbrechen! Schließlich macht das auf die Problematik aufmerksam und drängt sich ins alltägliche Bewusstsein aller![a]

Sprache darf ruhig stören. Deshalb darf man auch in schlechtem Deutsch schreiben und Bullshit-Wörter wie „abändern" und „Problematik" verwenden. Das macht auf die Problematik mangelnder Bildung von Student*innen aufmerksam.

---

[a] *Programm der Frauen*hochschulwoche an der Universität Hamburg im November 2012. Alle Rechtschreibfehler aus dem Original.*

mehr. (Wenn man den Vertretern der PC so zuhört, dürften sie Letzteres aber kaum vermissen.)

Am besten folgt man ohnehin dem Rat der *Bundesstelle für Büroorganisation und Bürotechnik (!) beim Bundesverwaltungsamt,* die in ihrem (übrigens von Augenmaß und Vernunft geprägten) Leitfaden „Sprachliche Gleichbehandlung von Frauen und Männern" aus lauter Verzweiflung auch das Kapitel „Auf Personenbezeichnungen verzichten" aufgenommen hat. Ja, am besten nehmen wir die Menschen einfach raus aus der Sprache.

Nicht alle Politisch Korrekten haben allerdings schon begriffen, dass „Mensch" eigentlich nicht geht, weil es sprachlich der Zwillingsbruder des Mannes ist. Deshalb setzen sie, um die Diskriminierungssirene auszuschalten, neuerdings gerne vor jedes beschreibende Wort über eine Person ein „Mensch mit".

Aber ist das Ersetzen von *Behinderter* durch *Mensch mit Behinderung* wirklich eine nachvollziehbare Verbesserung? Wir wissen und respektieren selbstverständlich, dass manche sich wünschen, so genannt zu werden. (Beziehungsweise wollen sie natürlich, wie alle, mit ihrem Namen angesprochen werden, sobald man sich kennt.) Und sicherlich lenkt *Behinderter* den Fokus auf das Behindertsein. Aber reduziert jemand, der *Mensch mit Behinderung* sagt, die Person in dem Moment etwa *nicht* auf ihre Behinderung? Beziehungsweise beschreibt sie anhand des Merkmals, das sie von anderen unterscheidet? Es bleibt die immer gleiche Frage: Wieviel bringt es, Menschen dazu zu dressieren, statt *Behinderter* nun *Mensch mit Behinderung* (beziehungsweise vermutlich bald *MmB*) zu sagen, solange sie ihre Haltung und ihr inneres Bild nicht verändern?

(Fortsetzung auf Seite 50)

Pharmer hat 5 neue Fotos hinzugefügt
Gestern um 15:33
23 Std. · Bearbeitet · 🐾

Neue Schnellsprecher gesucht!
Werbeindustrie kündigt 25 Sprechern.
Auf Verlangen der Pharmaindustrie haben die großen
deutschen Werbeagenturen mehr als 20 Sprechern
gekündigt und die Stellen neu ausgeschrieben. Gesucht
werden Sprachakrobaten, die in der Lage sind, den
ohnehin schon am schnellsten gesprochenen deutschen
Satz mit gendergerechter Erweiterung in derselben Zeit
auszusprechen wie bisher: „Zu Risiken und Nebenwir-
kungen lesen Sie die Packungsbeilage oder fragen Sie
Ihre Ärztin bzw. Ihren Arzt oder Ihre Apothekerin bzw.
Ihren Apotheker."
Die durchschnittliche Sprechzeit für den nicht gegen-
derten Satz betrug bisher ca. 3 bis 3,5 Sekunden. Eine
Sprecherin des Bundesverbands der Pharmazeutischen
Industrie bestätigte die verschärften Anforderungen an
Sprecher: „Die meisten Radio- und Fernsehspots würden
sich schlicht nicht mehr lohnen, wenn wir für die län-
gere Fassung mehr Sendezeit bräuchten und bezahlen
müssten." Zugleich bestätigte sie, dass man einen
Verzicht auf die gendergerechte Version ausschließe.
„Können Sie sich den Shitstorm vorstellen? Und das mit
diesem Gender ist uns ja auch ein Anliegen. Zumal es
dagegen leider nichts von Ratiopharm gibt."

Gefällt mir · Kommentieren · Teilen

2025:
KP ist 4 Jahre an Macht

KP (KorrektPartei) hat Gesetz verabschiedet. Sprache ist jetzt von alten Genderbegriffen und unkorrekten Wörtern befreit. Großer Sieg für Freiheit. Bundeskanzlx: Jetzt sind Allepersonen total sicher. FBS (Frühere Bösesprache) ist abgeschafft. Hinter alte Wörter muss immer (FBS) als Triggerwarnung.

Aber manche Menschen sind Opfer von Gesetz. Person „Petra" war in Personenhaus (FBS: „Frauenhaus") tätig. Vor einer Woche hat Person Job verloren. Kündigungsschreiben begründete: Person wird fristlos gekündigt, weil sich Person in FBS als „Frau" bezeichnet hat. Damit wurden mehrere Personen wahrscheinlich getriggert und vielleicht verletzt.

Person „Rüdiger" hat beim „Sozialamt" (FBS) gearbeitet. Heißt heute „Amt für Menschen in semioptimalen Lebenssituationen". Person wurde jetzt nach dritter Abmahnung gekündigt. Erste Abmahnung bekam Person für Erzählen von „Witz" (FBS) im Büro:

Kommen zwei Sozialarbeiter nachts aus der Kneipe und sehen jemanden zusammengeschlagen und blutüberströmt auf der Straße liegen.

Sagt der eine: „Du, demjenigen, der das gemacht hat, müssen wir unbedingt helfen."

Person fragte nach Abmahnung, ob nur noch Witze über Blumen möglich seien. Amt fragte nach Grund für Aggression gegen Blumen.

Zweite Abmahnung erhielt Person wegen Teilnahme an Demo für Wiedereinführung von „Unschuldsvermutung" (FBS). „Unschuldsvermutung" (FBS) ist in USA seit 2001 abgeschafft. Jedeperson kann beschuldigt und festgehalten werden ohne Nebensächlichkeiten wie Beweise. Grund: nationales Sichersein. KP hob „Unschuldsvermutung" (FBS) auch in das Deutschland auf. Abgemahnte Person hatte in FBS auf Transparent geschrieben: „Nicht jeder Mann ist böse."
Jetzt neue Provokation: Person hat falsche Toilette benutzt. Ausrede: 27 Toilettensymbole nicht zu unterscheiden. Wahrer Grund: Cis-Männer(FBS)-Toilette ist Person zu weit weg von Büro von Person. Dritte Abmahnung und Kündigung.

Problem: KP-Plan von Unisextoiletten in allen öffentlichen Gebäuden scheitert an Triggerangst von Anhängern von Vielegender. Anhänger von Vielegender verlangen jetzt sogar 32 Toiletten. U.a. sind Intergeschlechtliche mit Handicap empört, dass nicht berücksichtigt worden.

Personen „Petra" und „Rüdiger" sind jetzt Opfer von Arbeitsmarkt. Bekommen Unterstützung von KP. ■

Was uns zudem stört, ist die Annahme, bisher habe man *Behinderte* durch diese Bezeichnung aus dem Kreis der Menschen ausgeschlossen. Das ist Quatsch. In den allermeisten Kontexten ist es völlig klar, dass man gerade von Menschen spricht, ohne dass man es ausdrücklich dazusagen muss. Anderenfalls kämen wir binnen kurzem dahin, dass jedes Mal Diskriminierung vorläge, wenn man nicht *Mensch mit* dazusagt. Und man müsste konsequenterweise jedes Wort bannen, das eine spezifische Eigenschaft eines Menschen thematisiert.

Dann wird aus der Frau der *Mensch mit weiblichen Geschlechtsmerkmalen*. Aus dem Italiener der *Mensch mit italienischer Herkunft*. Ein Tischler wird zum *Menschen mit Tischlerausbildung*. Ein Hungernder ist ein *Mensch mit unausgeglichenem Nahrungshaushalt*, ein Schuldner ein *Mensch mit Schulden*, ein Gläubiger ein *Mensch mit Hoffnung* und ein Allergiker ein *Mensch mit Allergie*. Und auch das zieht natürlich Fäden: Aus der *Allergikerbettwäsche* wird die *Mensch-mit-Allergie-Bettwäsche* und aus dem *Ehegattensplitting* ein *Mensch-mit-Partner-Splitting*.

Aber es geht ja keineswegs nur um unverbindliche und meist bescheuerte Vorschläge zur Sprachveränderung. Sondern um handfeste Dinge wie Kosten und Karrieren. So gab das Bundesland Baden-Württemberg einen sechsstelligen Betrag aus, um die Briefköpfe und Schilder aller Studentenwerke zu ändern. Sie heißen jetzt „Studierendenwerke."[*]

Und die ersten Unis oder Uni-DozentInnen gehen dazu über, Studenten mit schlechteren Noten zu bestrafen, wenn sie sich nicht an die gendergerechte Sprache halten. Das erinnert dann doch schon an die Kalten Krieger unter den Lehrern in Ost und West, die es in den 60ern als Fehler an-

---

[*] http://www.spiegel.de/unispiegel/studium/studierenden-oder-studenten-werk-gender-debatte-in-baden-wuerttemberg-a-987613.html

strichen, wenn jemand nicht korrekt *BRD* bzw. „*DDR*" (mit Anführungszeichen!) schrieb. Ideologisch motivierte Sprachveränderung wird mit Sanktionen verknüpft – alle Achtung, ihr Politisch Korrekten! Ihr habt schon einen langen Weg zurückgelegt. Leider allerdings in die falsche Richtung.

Die Politische Korrektheit hat ganze Arbeit geleistet: Sie hat einen orwellhaften, unsinnlichen, lieb- und leblosen Sprachbastard aus Abkürzungen, Schrägstrichen, Klammern, Sternchen, Binnen-Is, umständlichen Doppelbenennungen und unpersönlichen Abstraktionen geschaffen. Politisch korrekte Formulierungen klingen oft wie die Ergebnisse der allerersten Übersetzungsprogramme. Und George Orwells „1984" ist ja nicht nur ein Buch über Totalitarismus, sondern auch eines über verordnete Sprachverarmung, die jeden Gedankenanstoß eliminieren soll. Vollständige Unanstößigkeit bedeutet aber auch: vollkommene Leblosigkeit.

Und dazu kommt noch: Es bringt nichts! Es ist eine sinnlose Sisyphus-Arbeit. Verantwortlich dafür ist ein Mechanismus, den Sprachwissenschaftler als „Euphemismus-Tretmühle" bezeichnen.

Nehmen wir das Beispiel *Obdachlose*. Der Begriff ist nicht mehr korrekt. Man soll jetzt sagen *Wohnungssuchende*. (Dass dieser Begriff die Lebenssituation vieler Obdachloser nicht sehr genau trifft, spielt dabei keine Rolle.) Uns soll ein korrekter Umgang miteinander anerzogen werden, indem man uns eine bestimmte Ausdrucksweise vorschreibt. Aber funktioniert das?

Früher sagte man *Penner*. Irgendwann stieß jemandem auf, dass dieser Begriff negative Assoziationen weckte: Man dachte sofort an ungepflegte Besoffene, die bettelnd

(Fortsetzung auf Seite 56)

RY GRANT   EVA MARIE SAINT   JAMES MASON

Alfred Hitchcocks

DIE UNSICHTBARE DRITTE PERSON

BASU21 belästigen MEM

Natürlich tobt sich die Sprachpolizei nicht nur beim Thema Gender aus. Herrliche Wortschöpfungen, Kurzwörter und Abkürzungen beleben mittlerweile das offene Gespräch zwischen den Menschen. Hauptsache, niemand weiß mehr, worum es geht.

Ach so: *BASU21* sind *Besonders Auffällige Straftäter Unter 21*, also aggressive Schlägertypen.
Und *MEM* heißt *Mobile Ethnische Minderheit*; das waren früher mal Sinti und Roma und ganz früher Zigeuner.[*]

Offenbar fürchtet man Ansteckung, wenn die als unangenehm empfundene Eigenschaft oder das bedauerliche Schicksal eines Menschen klar benannt wird. Und es darf nie danach klingen, als könne der Betreffende selbst etwas an seiner Situation ändern. Er muss immer Opfer der Umstände sein.

Also los: *Arme* heißen jetzt *Benachteiligte* oder *ökonomisch unterdurchschnittlich ausgestattete Haushalte*. Womit aus der *Armutskonferenz* (s.u.) eine *Ökonomisch-unterdurchschnittlich-ausgestattete-Haushalte-Konferenz* werden müsste.

Es gibt keine *Arbeitslosen* mehr, sondern nur noch *Arbeitssuchende*.

Apropos Ansteckung: *Schweinegrippe* soll man nicht sagen; das sei möglicherweise verletzend für Muslime. Besser sei *Neue Grippe*. Auch die *Mexikanische Grippe* wurde als rassistisch verworfen.

Kinder, die nur mit Glotze statt mit Büchern aufwachsen, werden dadurch nicht mehr blöd, sondern sind *bildungsfern* oder *vom Bildungssystem nicht erreicht*.

---

[*] *So sind immerhin die Lalleri und die Kalderasch wieder integriert, die die Politisch Korrekten beim Sinti-und-Roma-Sagen hatten unter den Tisch fallen lassen.*

Zapplige Nervensägen oder geistig behinderte Kinder sind *verhaltens-originell* und auf jeden Fall *mit Förderbedarf.*

Als es Menschen peinlich wurde, eine *Putzfrau* zu haben, änderten sie statt des Sachverhalts lieber das Wort und sagten *Raumpflegerin* oder *Haushaltshilfe.* Der Job veränderte sich dadurch allerdings ebenso wenig wie der Lohn.

Und ob es im Sinne der betroffenen Frauen ist, dass eine versuchte Vergewaltigung an US-Unis jetzt *unwillkommener physischer Kontakt* heißt?

Sagt man eigentlich noch *Entwicklungsland*? Oder *Dritte-Welt-Land*? Aber nein! Man sagt jetzt *weniger entwickeltes Land* oder *Partnerland.* Dass man bei Letzterem eher an ein EU- oder NATO-Land denkt – egal. Sprache soll schließlich irritieren, nicht informieren. Der Mitteilungs-aspekt wird bei sprachlichen Äußerungen ja ohnehin chronisch über-schätzt. *Dritte Welt* sagt man übrigens nicht mehr, weil wir doch jetzt *Eine Welt* sind. Also hört auf, uns mit eurer Armut zu nerven da unten – ihr gehört zur selben Welt wie wir. Sucht euch gefälligst einen Job bei Siemens und kauft euch bei Aldi was zu essen.

Und wer sind die hellhäutigen Angehörigen des Tätervolks? Hier kursie-ren mehrere PC-Begriffe: *Biodeutscher* (man fragt sich: aus Bodenhal-tung?), *Herkunftsdeutscher* oder das Beste: *Weißdeutscher* [*]. Klingt für die meisten ja schwer nach Nazideutsch, wird aber – halten Sie sich fest! – von den Erfindern dieses famosen Begriffs auch für schwarze Deut-sche verwendet. *Weißdeutscher* ist, wer in Deutschland aufgewachsen ist. Die Hautfarbe spielt dabei, wie der Name schon sagt, keine Rolle.

Was sagen wir eigentlich in Zukunft zur Opfergruppe der *Politisch Korrekten*? Wir schlagen *mental überfordert* vor.

---

[*] *Klingt erfunden, wissen wir. Wird aber zum Beispiel in Hamburg in der Lehrer-ausbildung gelehrt. Schwarz auf weiß.*

am Straßenrand sitzen. Preisfrage: Was spielt sich vor Ihrem inneren Auge ab, wenn Sie das Wort *Obdachlose* hören? Dürfen wir raten? Sie denken an ungepflegte Besoffene, die bettelnd am Straßenrand sitzen.

Und genau so wird es auch bei *Wohnungssuchende* laufen. Der Grund ist klar: Wenn wir an Wörtern herumdoktern, anstatt unsere *Haltung* gegenüber Menschen und Dingen zu überdenken, ändert sich gar nichts. (Außer dass wir jetzt ein neues Wort für diejenigen erfinden müssen, die als Nachfrager auf dem Wohnungsmarkt auftreten.) Und es hat auch keinen Sinn, periodisch Vokabeln auszutauschen, wenn es die Dinge selbst sind, die negativ, schwierig oder unangenehm sind oder von uns so empfunden werden.

Einen schönen Beleg dafür liefert die „Negativliste", die die deutsche Armutskonferenz im Frühjahr 2013 herausgab[*]: Darauf standen 23 „soziale Unwörter", die wegen ihres diskriminierenden Charakters bitte nicht mehr verwendet werden sollten (Auszug siehe rechte Seite). Die Liste enthält neben plausiblen Begriffen und Begründungen (wie z.B. *Behindertentransport* und *Illegale*) ein paar Humorlosigkeiten (*Herdprämie*) und Idiotien (*Ehrenamtspauschale* und *Flüchtlingsfrauen*) – und einige wirkliche Überraschungen: Hier werden ein paar echte Sahnestückchen der politisch korrekten Wortbastelei geächtet, wie zum Beispiel *bildungsferne Schichten* oder das vermeintlich superkorrekte Wortungetüm *Person mit Migrationshintergrund ohne eigene Migrationserfahrung.* Die Liste verzichtet manchmal darauf, einen korrekten Ersatzbegriff zu nennen – so als wäre es den Autoren am liebsten, das Problem selbst und seine Protagonisten verschwänden einfach.

---

[*] *http://deutsche-wirtschafts-nachrichten.de/2013/02/26/liste-der-sozialen-unwoerter/*

Liste der sozialen Unwörter (Auswahl)

Alleinerziehend (=Sagt nichts über mangelnde soziale Einbettung oder gar Erziehungsqualität aus. Beides wird jedoch häufig mit „alleinerziehend" assoziiert)

Arbeitslos/Langzeitarbeitslos (=Es sollte erwerbslos heißen, weil es viele Arbeitsformen gibt, die kein Einkommen sichern)

Behindertentransport (=Objekte werden transportiert, Menschen aber werden befördert)

Bildungsferne Schichten (= Gemeint ist – und das sollte man auch sagen – „Fern vom Bildungswesen" oder „vom Bildungswesen nicht Erreichte")

BuT'ler („butler") (=Gemeint sind Nutzer des Bildungs- und Teilhabepakets der Bundesregierung. Der Ausdruck ist ähnlich reduzierend und deshalb diskriminierend wie „Der/Die ist Hartz IV". Abschätzig ist er auch, wenn er englisch ausgesprochen wird: Butler=Diener)

„Der/Die ist Hartz IV" (=Wer Grundsicherung – im Volksmund Hartz IV – erhält, wird darauf reduziert. Außerdem wird häufig mit dem Begriff assoziiert, Empfänger von Sozialleistungen seien arbeitsscheu und generell unfähig)

Ehrenamtspauschale (=Richtig müsste es Ehrenamtseinkommensteuerpauschale heißen, denn besagte Pauschale kann nur entgegennehmen, wer eine Steuererklärung abgibt. Gerade arme Menschen können dies aber nicht, weshalb sie auch diese Entschädigung nicht erhalten)

Flüchtlingsfrauen (=Überflüssig, weil das Wort Flüchtlinge beide Geschlechter umfasst. Ansonsten: ähnlich diskriminierend wie Arztgattin)

Herdprämie (=diskriminierend, weil der Begriff unabhängig von der Positionierung gegenüber dem gemeinten Betreuungsgeld Frauen verunglimpft)

Illegale (=Diesem Begriff ist tatsächlich nur die Losung entgegenzuhalten: „Kein Mensch ist illegal")

Missbrauch (=Ist im Zusammenhang mit Sozialrecht und Sozialstaat – beispielsweise Missbrauch von Hartz IV – eine ungute Vokabel, weil damit ein schwerwiegender sexueller Straftatbestand assoziiert wird)

Notleidender Kredit (=Wenn der Darlehensnehmer die Raten nicht mehr zahlen kann und das Darlehen infolgedessen gekündigt wird, gilt der Kredit als notleidend. Letzteres dürfte allerdings eher auf den Menschen in Zahlungsschwierigkeiten zutreffen)

Person mit Migrationshintergrund (=Häufig wird damit „einkommensschwach", „schlecht ausgebildet" und „kriminell" in Zusammenhang gebracht. Während mit diesem Begriff Klischees reproduziert werden, wird er der sehr unterschiedlichen Herkunft der so Bezeichneten nicht gerecht)

Person mit Migrationshintergrund ohne eigene Migrationserfahrung =(Siehe oben)

Sozial Schwache (=Wer kein/

Am aufschlussreichsten aber sind die – manchmal übrigens recht verräterischen – Begründungen für den Wunsch, das betreffende Wort nicht mehr zu verwenden. Sie zeigen überdeutlich, dass das Problem überhaupt nicht im *Wort* liegt, sondern in der Wahrnehmung der durch das Wort benannten Lebenssituation durch – ja, durch wen? Die Gesellschaft? Die Armutskonferenz selbst? Entsprechend sinnlos wäre es, einfach nur ein anderes Wort zu verwenden – es würde binnen kurzem dieselben Assoziationen annehmen und müsste wieder geächtet werden. Politisch korrekte Sprachpolitik gleicht einem blinden Herumgerase im semantischen Hamsterrad, das Zeit und Energie kostet und vor allem die Verunsicherung auch wohlmeinender Menschen über den korrekten Ausdruck ständig vergrößert und erneuert.

Der ohnehin vorhandenen Befangenheit vieler Menschen gegenüber dem Fremden oder Anderen fügt die Politische Korrektheit völlig unnötigerweise eine Unsicherheit über den eigenen Sprachgebrauch hinzu. Und die politisch korrekten Sprachreformer bestreiten auch gar nicht, dass ihre Vorschläge für Irritation sorgen. Diese sei ja gerade beabsichtigt, weil sie das Nachdenken über sprachliche Muster in Gang setze. Der Gedanke ist nett – und so elitär, dass es die Sau graust. Die „Irritation" darüber, welches nun das korrekte Wort sei, ist nur für eine winzige Minderheit produktiv. Die ganz überwiegende Mehrheit der Sprecher reagiert dagegen vorsichtshalber mit der vollständigen Abwendung von den „Anderen". Die PC hat sie durch ihre Sprachspielchen noch ein bisschen fremder gemacht und ausgegrenzt. Ein toller Beitrag zur Integration! Chapeau!

Wie sagt man denn nun zu Negern?

Von Marius Jung

Die große Frage nach dem richtigen Wort, um Menschen dunkler Hautfarbe zu beschreiben, habe ich in meinem ersten Buch *Singen können die alle! – Handbuch für Negerfreunde* ausführlich behandelt. Wer die erste Seite dieses satirischen Ratgebers gelesen hat, kennt meine Meinung: Das Wort *Neger* hat den Beigeschmack des Rassismus und sollte von nicht schwarzen Menschen nicht verwendet werden. (Ich hätte wirklich gedacht, die erste Seite schafft und versteht jeder, aber manche nicht sehr lesetüchtigen Käufer meines Buchs haben kurioserweise genau das Gegenteil herausgelesen: Ich hätte ihnen in dem Buch erlaubt, wieder *Neger* zu sagen.) Seither habe ich viele Diskussionen geführt, viele Foren durchstöbert und viele Artikel gelesen. Neben meiner Arbeit als Kabarettist und als Coach habe ich häufig auf Podiumsdiskussionen, in Talkshows und in Interviews über dieses Thema gesprochen – denn die Diskussion über Wörter wie *Neger* oder auch *Maximalpigmentierte* läuft ungebrochen. (Und leider oft hitziger als die viel wichtigere über Rassismus.)

Wer damals sogar weitergelesen hat als bis Seite 1, wird unweigerlich mitbekommen haben, dass ich Begriffe wie *maximalpigmentiert* schlimm finde und so nicht bezeichnet werden möchte. War ich früher schon höchst skeptisch, was den Nutzen der Politischen Korrektheit angeht, bin ich heute ein leidenschaftlicher Gegner dieser Geisteshaltung. Und es waren unter anderem die politisch korrekten Reaktionen auf mein Buch, die mich dazu gemacht haben. Oft war da ein pawlowscher Reflex im Spiel: Das Wort *Neger* lesen oder hören und sofort „Rassismus" schreien findet inzwischen

WANTED

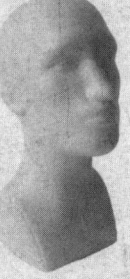

Gesucht wird eine Person.
Die Person ist im für sie gerade richtigen Alter
und zwischen 1,40 und 2,10 Meter groß.
Die Person hat wahrscheinlich eine Haar- und eine
Hautfarbe. Mit ihrem Körperbau fühlt sich die Person
dank guten Empowerments hoffentlich wohl. Wer hat
diese Person gesehen (für Sehbehinderte: gehört)?

Hinweis an Sehbehinderte: Bitten Sie eine Person. Ihnen
den Text vorzulesen.

Warnung: Personen mit Leseschwäche könnten durch eine
entsprechende Bitte von Sehbehinderten getriggert werden.

oft unterhalb der Bewusstseinsebene statt. (Näheres dazu im Kapitel „PR-Agentur aus Leipzig".)

Viele können sich nicht vorstellen, dass ich gegen PC bin, obwohl ich mich nicht dem reaktionären Lager zurechne. Wenn etwas nicht in die Schublade passt, hören manche eben direkt auf mit dem Denken.

In Gesprächen wurde ich oft gefragt, warum ich denn so provokativ das Wort *Neger* in den Untertitel genommen habe. Die Antwort ist einfach: weil diese Gespräche sonst nicht stattgefunden hätten. Die Provokation hat genau das erreicht, was sie erreichen sollte: Menschen sprechen wieder über das Thema. Und das war vorher dank der politisch korrekten Tabus leider nicht mehr selbstverständlich.

Auf einer Podiumsdiskussion zum Thema „Schwarze in den Medien" habe ich das in Form einer Livesatire erleben dürfen. In einem meiner Statements benutzte ich das Wort „Farbiger". Ich hatte das Wort noch nicht ganz ausgesprochen, da sprang eine weiße Frau auf und belehrte mich: „Das darfst du nicht sagen!" Fast wäre ich aufgestanden, um mich tief zu verbeugen und zu sagen: „Entschuldigung, weiße Frau, schwarzer Mann weiß es nicht besser."

Stattdessen fragte ich nur höflich nach einer Alternative. Heute würde ich sie gerne fragen, wer sie wohl ist, dass sie mir sagt, wie ich mich benennen darf. Na immerhin: Hätte sie die Klappe gehalten, hätte ich eine irre PC-Geschichte weniger. Deshalb: Danke, weiße Frau.

Sie erklärte mir dann übrigens, dass ich „POC" zu sagen hätte. Steht für „People of Colour" und ist der neueste PC-Scheiß aus den Staaten. Vielleicht ist mein Englisch nicht so gut, aber meiner Kenntnis nach heißt das „Farbiger".

Im Laufe der Diskussion konnte ich dann feststellen, dass das PC-System wirklich lückenlos ist: Für jeden Begriff – und sei er noch so absurd in seiner Korrektheits-Verrenkung – fand sich zuverlässig jemand (meist weißer Hautfarbe übrigens), der genau diesen Begriff als absolutes No-go bezeichnete. Am Ende der Veranstaltung ging ich mit einer klaren Erkenntnis nach Hause: Für uns Schwarze gibt es keinen politisch korrekten Begriff. Was bedeutet, dass wir zu *personae non gratae* werden. Zu Unberührbaren. Die einzige politisch korrekte Lösung wäre vermutlich, wenn es uns nicht gäbe. Das würde überhaupt viel Leid aus der Welt schaffen – zum Beispiel das angebliche Mit-Leid dauerbesorgter und problemorientierter Menschen, die uns vor Dingen beschützen wollen, vor denen nur sie selbst Angst haben.

Aber nochmal zum Begriff „Farbiger": Zu meinem großen Vergnügen fand ich im Netz den Song „And you got the f... nerve to call me coloured" von Lamont Humphrey aus dem Jahre 1996. Hier in freier Übersetzung ein Ausschnitt:

Wenn ich geboren werde, bin ich schwarz
Wenn ich aufwachse, bin ich schwarz
Wenn ich in die Sonne gehe, bleibe ich schwarz
Wenn mir kalt ist, stell dir vor, bin ich schwarz
Selbst wenn ich sterbe, bleibe ich schwarz
Doch du:
Wenn du geboren wirst, bist du rosa
Wenn du größer wirst, bist du weiß
Wenn du krank bist, schau dich an; du bist grün
Gehst du in die Sonne, wirst du rot
Ist dir kalt, bist du blau
Und wenn du stirbst, wirst du lila
Und du hast die Nerven, mich farbig zu nennen.

PC-DENKSPORT

Von wem/woher stammen die folgenden Zitate?

① Die Personen seien untertan ihren Personen als ihren herrschenden Personen.

② No person, no cry

④ Person is the POC of the world.

③ Die Axt im Haus erspart die Person, die das Zimmererhandwerk erlernt hat.

⑤ When a person loves a person.

Lösung auf Seite 184

Ich habe zunächst sehr gelacht, war dann aber überzeugt. Humor und Argumente haben mich überzeugt – nicht das Verbot, ein bestimmtes Wort zu verwenden.

In jedem zweiten Interview werde ich gefragt, welches denn nun das richtige Wort sei, um solche wie mich zu benennen. Anders als die politisch Korrekten es mir einreden wollen, empfinde ich diese Frage übrigens als Ausdruck des Interesses an mir und als Zeichen des Respekts – und nicht als rassistische Diskriminierung. Mir ist es lieber, wenn jemand mit mir spricht, als wenn er oder sie mich aus Angst, das Falsche zu sagen, meidet. Oder noch schlimmer: wenn er oder sie der Meinung ist, man dürfe meine Hautfarbe nicht zum Thema machen – und mich dann mangels anderer Ideen zur Gesprächseröffnung lieber gänzlich ignoriert. Das empfinde ich als respektlos. Allerdings kann ich die Frage, trotz meiner dunklen Hautfarbe, nicht allgemein beantworten. Ich nenne mich und andere Dunkelhäutige weiterhin „Schwarze". Kürzlich erzählte mir allerdings ein Musiker, der einmal mit einem Nigerianer zusammengearbeitet hatte, er habe von diesem gelernt, dass man „Schwarzer" auf gar keinen Fall sagen dürfe. Es heiße „Farbiger". Und die Tochter einer Freundin besteht darauf, weder als „Farbige" noch als „Schwarze" bezeichnet zu werden, sondern als „Braune". Hmmmm ....

Aber das Wort ist ohnehin zweitrangig: Es ist und bleibt die richtige Haltung, die für den Umgang zwischen Menschen entscheidend ist. Und sie besteht für mich in respektvollem Miteinander.

Wenn jemand auf der Straße zu mir sagt: „Geh doch zurück!", ist es mir reichlich egal, mit welcher sarrazinkorrekten Bezeichnung dieser Mensch mich belegt. Neulich sagte eine ältere Dame genau das zu mir. Interessanterweise sind

es oft ältere Damen, die so nette Sachen zu mir sagen. Ich denke, das liegt nicht daran, dass ältere Frauen besonders rassistisch sind. Im Gegenteil: Sie trauen mir immerhin zu, dass ich zivilisiert genug bin, ihnen nicht gleich eine reinzuhauen, nur weil sie mich unverschämt beleidigen. Ich sollte also dankbar sein. In der unmittelbaren Situation sind solche Begegnungen natürlich furchtbar. Hinterher kann ich sie meist belächeln, weil sie nie eine echte Bedrohung sind. Zehn besoffene Skins sind da eine andere Sache. Da ist es gut, dass die flinken Beine des Negers mehr als ein Klischee sind.

Aber jetzt mal ehrlich: Der schwarze Mann ist doch wirklich faul und dumm und frisst kleine Kinder, oder? Rassismus entsteht immer aus demselben Mix: Unwissenheit und Angst, gewürzt mit einer Handvoll Unzufriedenheit und 4–5 Kilo fehlendem Selbstbewusstsein. Wer eignet sich besser als Projektionsfläche für diffuse Ängste und als Sündenbock für Pech oder eigenes Versagen als ein rabenschwarzer Fremder? Für einfache Gemüter ist der Fremde, was für Kinder das Monster unterm Bett ist. Bei Kindern hilft übrigens genau eines gegen die Angst vor dem eingebildeten Monster: der gemeinsame Blick unters Bett. Kein Kind hingegen wird die Angst verlieren, wenn man ihm sagt, dass unter seinem Bett kein Monster, sondern ein „verhaltensoriginelles Wesen unbekannter Herkunft" wohnt.

Schade, dass offenbar viele Mitmenschen mit Negerangst niemanden haben, der mit ihnen unterm Bett nachschaut, um sie zu beruhigen. Das würde schon viel helfen.

Nicht schade, sondern ekelhaft ist es, dass all die Rechtspopulisten und Westentaschendemagogen die Ängste der Dummen nutzen, um Leute für ihre Sache zu instrumentalisieren.

Das Ende des Rassismus

Einen sicheren Weg, die Hautfarbe eines Menschen politisch korrekt zu benennen, hat jetzt kurioserweise ausgerechnet der Verein Deutscher Ingenieure (VDI) vorgeschlagen: die RAL-Farbskala.

Wenn man beispielsweise Roberto Blanco künftig als „RAL 8014" bezeichne statt als „dunkelbraun", könne es eigentlich keine Diskriminierungsvorwürfe mehr geben, weil seine Haut nun einmal objektiv diese Farbe habe.

Angela Merkel hingegen habe „RAL 1001"; ZEIT-Chefredakteur Giovanni di Lorenzo „RAL 1011" und der Autor Marius Jung „RAL 8001".

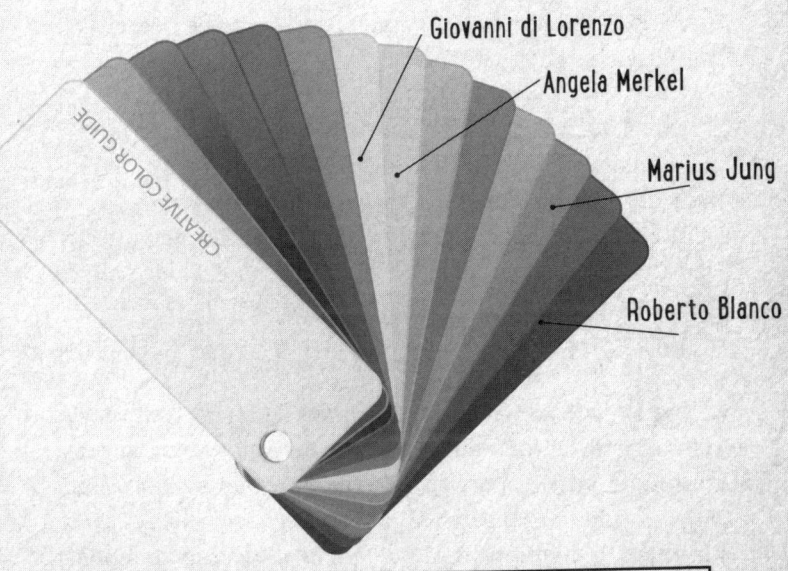

Giovanni di Lorenzo

Angela Merkel

Marius Jung

Roberto Blanco

CREATIVE COLOR GUIDE

Vorschläge der Kommission für gendergerechte Sprache, Teil 14:
Da die Formulierung „Jüdinnen und Juden" eine Festlegung auf zwei Geschlechter enthält, wird als neue Schreibweise *Juden** vorgeschlagen. Noch ungeklärt ist, ob der Stern gelb sein soll.

Und wer tritt ihnen entgegen? Zum Glück gibt es zornige, kampfentschlossene Zeitgenossen, die die Menschenwürde und das Recht eines jeden auf Respekt engagiert verteidigen. Es könnten sogar noch mehr sein. Aber ein Häuflein theoretisierender, an der eigenen Empfindsamkeit schier erstickender Leute, die es zweifellos gut meinen, hängen stattdessen dem rührenden Schamanenglauben an, man müsse nur ein paar Wörter verbieten, um zu mehr Einsicht und Respekt und Liebe unter den Menschen zu gelangen.

Viele Weißdeutsche denken intensiv darüber nach, wie Schwarze zu bezeichnen sind – schon aus Angst, in ein verbales Fettnäpfchen zu treten oder ihre Kinder versehentlich mit Rassismus anzustecken.

Im Internet wird endlos diskutiert, wie man nun sagt zu Menschen, die ... äh ... südlich des Mittelmeerraums geboren wurden. Oder ... äh ... also ... von jemandem abstammen, der / die südlich des ... also von da unten kommt. Vom „Afroeuropäer" über „gleichberechtigte Mitbürger dunkler Hautfarbe" bis hin zu „Deutsche mit afrikanischem Migrationshintergrund" wird wild mit Begriffen jongliert.

Da kann ich nur die Aussage einer Mutter unterstützen, die sagt:

„Irgendwie käme ich mir auch komisch vor, wenn mein Sohn irgendwann über die Straße zu unserer Nachbarin sagen würde ‚guck mal Mama, eine Deutsche mit afrikanischem Migrationshintergund!' (mal ganz davon abgesehen, dass ein Kind das Wort wohl nicht vor seinem 10. Lebensjahr ordentlich aussprechen kann.)"

Übrigens ist das Wort auch für Einwanderer schwer auszusprechen. Deswegen reden die wohl immer so rassistisch über ihresgleichen. Zum Glück wissen die weißen, politisch korrekten Einheimischen es besser und haben „Menschen

mit Migrationshintergrund" erfunden. Dieser Behördenbegriff war sicher mal nett gemeint, aber genau betrachtet ist er eine Frechheit. Er entmenschlicht und vermittelt das Gegenteil von Respekt. Allerdings: Nur wer sich in Formularen mit diesem Begriff zum Affen macht (indem er extra betont, dass er zwar schwarz, aber trotzdem kein Affe ist, sondern ein „Mensch", wenn auch einer mit kleinen Fehlern, nämlich „mit Migrationshintergrund"), hat Anspruch auf entsprechende Sozialleistungen.

Wie wäre es eigentlich damit, jemanden, der seit zwei oder drei Generationen in Deutschland ist, als *Deutschen* zu bezeichnen? Aber dann verliert er in den Augen der Politisch Korrekten mit Helfersyndrom ja seinen Opferstatus und man kann sich nicht mehr um ihn kümmern. Womöglich nimmt er sein Leben einfach selbst in die Hand. Nein, dann suchen die Sprachpolizisten in Zusammenarbeit mit den Behörden lieber nach korrekt klingenden Begriffen, die sicherstellen, dass der Stempel „Fremder" so schnell nicht verblasst.

Der Zusammenhang zwischen PC und Respekt ist ohnehin eher lose. Thilo Sarrazins Bücher sind bekanntlich durchweg in gestochenem PC-Deutsch geschrieben. Und auch das einfache Rassistenvolk hat die PC teilweise verinnerlicht – nicht aber seine Haltung verändert, wie die folgende Episode zeigt: Ich stand mit einem Freund auf dem Bürgersteig. Er ist ein Mensch mit Migrationshintergrund. Genauer: Deutschtürke, also Osmane, also Mensch mit Wurzeln im östlichen Mittelmeerraum, also Sarazene.

Wir stehen also arglos auf dem Bürgersteig und unterhalten uns. So könnte eigentlich ein schlechter Witz beginnen: „Ein Neger und ein Knoblauchfresser stehen auf dem Bürger-

SPRACHVEGANER

ICH BIN KEIN DUMMES SCHAF!

Der VdV (Verband der Veganer) hat eine Petition gestartet, um Tiere vor „sprachlichem Missbrauch" zu schützen. Ausdrücke wie „dumme Sau", „blöder Hund" und „dämlicher Affe" sollen als Beleidigung verboten werden. Betroffen wären auch Wortbildungen wie „Miethai" und „Partylöwe", Metaphern wie der Pfändungs-„Kuckuck" und die „Zeitungsente" sowie Sprichwörter wie das von der Schwalbe und dem Sommer. Die „permanente sprachliche Verfügbarkeit" wehrloser Tiere müsse endlich aufhören, fordert der VdV. An anderer Stelle der Petition ist von „linguistischer Massentierhaltung" die Rede.

Auch klanglich mit Tieren verwandte Wörter sollen verschwinden: Die Börse soll auf den DAX verzichten, die Politik auf die Wahl und das Sanitärgewerbe auf den Wasserhahn.

In Zusammenarbeit mit dem VdKE (Verband der Korrekten Eltern) kämpft der VdV zudem für die Verbannung der Fabeln aus Schule und Öffentlichkeit. Es setze Tiere herab, wenn sie wie Menschen agierten und sogar sprächen. „Gerade weil sie nicht sprechen, können sie auch niemanden kränken und verletzen. Und Raffgier und Betrug liegt ihnen fern."

Gestört wurde die gestrige Pressekonferenz von einer genderpolitischen Gruppe, die dem VdV vorwarf, sich um die wirklichen Probleme nicht zu kümmern. Der unerträgliche Zustand, dass bei Tieren in der Regel ein generisches Maskulinum oder auch Femininum die gesamte Art beschreibe (der Fuchs = Füchsin und Fuchs; die Amsel = Weibchen und Männchen), sei nicht mehr hinnehmbar. Interessant war, dass der VdV-Sprecher im Zuge der zunehmend erregten Auseinandersetzung ausrief: „Ruft die Bullen, damit sie die komischen Vögel rausschmeißen! Diese Rindviecher gehen mir tierisch auf den Sack!"

steig und unterhalten sich." Was tatsächlich passierte, war allerdings auch ein schlechter Witz. Nur waren die Wörter zunächst nicht so rüde.

Eine ältere Dame kam, mit ihrem Mann im Schlepptau, auf uns zu: „Sie versperren den Weg."

Gut, neben uns waren höchstens noch zwei Meter Platz.

„Werte Dame, bei Ihrer Figur ist es doch ein Leichtes, an uns vorbeizukommen."

„Ich weiß ja, dass man gegen solche wie euch nichts sagen darf."

„Solche wie uns? Was sind denn solche wie uns? Menschen mit dunklen Haaren und dunkler Haut?"

Glücklicherweise gab sie uns eine befriedigende, alles erklärende Antwort:

„Halt doch die Fresse!" Dann ging sie und zog ihren offensichtlich stummen Mann hinter sich her. Es war ja auch alles gesagt.

Der Dame ist nichts vorzuwerfen. Sie hat ihre Aussage in politisch korrekter Form vorgebracht. Sie hat uns wohl geduzt, um zu signalisieren, dass wir uns doch auch nah sind. Sie sollte noch an der Differenzierung arbeiten und ein wenig Vokabeln lernen. Dann wird sie bei der nächsten Konfrontation mit so unverschämten Ausländern wissen, dass sie Folgendes zu sagen hat:

„Mir ist klar, dass eine Biodeutsche wie ich gegenüber Menschen mit Migrationshintergrund, sei es nun ein Mensch mit osmanischen Wurzeln oder ein Mensch, dessen ethnische Wurzeln südlich des Mittelmeerraums liegen, nichts Negatives äußern sollte."

Die angemessene Antwort wäre dann allerdings: „Laber nicht. Sag, was du sagen willst."

Denn ungeachtet ihrer verklausulierten Sprache – was sie sagen wollte und auch erfolgreich vermittelte, war: „Ich

HERRSCHPERSON
KONG
UND DIE HELLHÄUTIGE PERSON

habe es so satt, dass ihr Scheißkanaken hier seid. Haut endlich ab!"

Apropos: Wissen Sie eigentlich, was „Kanake" heißt? Dieses hawaiianische Wort steht für „Mensch". Das ist schon irgendwie sehr korrekt, jemanden mit „Du Mensch!" zu beschimpfen. Es ist eben nie das Wort, das böse ist, sondern der Mensch, der es in böser Absicht nutzt.

Gewonnen ist nur etwas, wenn wir von den Pauschalisierungen ablassen und endlich unvoreingenommen auf für uns Fremde zugehen. Denn jeder, den wir noch nicht kennen, ist ein Fremder. Geheimtipp: Kennenlernen hilft.

Kurzschluss im PC-Werk – unachtsamer Konstruktivist legt Tabuproduktion lahm

Ein übereifriger Mitarbeiter hat den Tabuproduzenten Political Correctness Inc. überraschend ins Chaos gestürzt. In den vergangenen Jahren hatte PC Inc. überaus erfolgreich ein zweistufiges Verfahren entwickelt: Im ersten Schritt wurden Eigenschaften von Individuen wie Hautfarbe, Geschlecht, sexuelle Orientierung und Körperbehinderung als „soziale Konstrukte" entlarvt. Im zweiten Schritt verschickte das Unternehmen dann höchst wirkungsvolle „gesellschaftliche Abmahnungen", in denen jeder der Diskriminierung beschuldigt wurde, der weiterhin auf der realen Existenz der genannten Eigenschaften beharrte. Ein zusätzliches einträgliches Geschäftsfeld entwickelte PC Inc. durch das Definieren immer kleinteiligerer Gruppen und Kategorien von Menschen – wobei auch hier der eigentliche Geschäftszweck das Abmahnen von Personen und Institutionen war, die es versäumten, alle Kleinstgruppen in jedem Zusammenhang vollständig zu nennen.

Vor einigen Tagen jedoch entwickelte ein frisch von der Uni gekommener Volontär die fatale Idee, mit der konstruktivistischen Methode das Wertesystem zu überprüfen, auf dem die negative Einstufung von „Diskriminierung" beruht. Seither versinkt PC Inc. im Chaos, weil ein Teil der Mitarbeiter es nicht mehr für legitim hält, Abmahnungen zu verschicken. Die Frage, ob Diskriminierung überhaupt etwas Negatives sei, könne man nicht mehr klar beantworten.

Der Volontär ist mittlerweile übrigens zwangsexmatrikuliert worden. Dem Vernehmen nach wollte er nach seiner Rückkehr an die Uni in seiner Masterarbeit untersuchen, ob es sich beim Konstruktivismus selbst möglicherweise ebenfalls um ein Konstrukt handele.

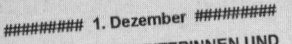

######### 1. Dezember #########

AN: ALLE MITARBEITERINNEN UND MITARBEITER

Ich freue mich, Ihnen mitteilen zu können, dass unsere Firmenweihnachtsfeier am 20.12. im Argentina-Steakhouse stattfinden wird. Es wird eine nette Dekoration geben und eine kleine Musikband wird heimelige Weihnachtslieder spielen. Entspannen Sie sich und genießen Sie den Abend.

Freuen Sie sich auf unseren Geschäftsführer, der als Weihnachtsmann verkleidet die Christbaumbeleuchtung einschalten wird! Sie können sich untereinander gern Geschenke machen, wobei kein Geschenk einen Wert von 20 EUR übersteigen sollte.

Ich wünsche Ihnen und Ihren Familien eine besinnliche Adventszeit.

Tina Bartsch-Levin,
Leiterin Personalabteilung

######### 2. Dezember #########

AN: ALLE MITARBEITERINNEN UND MITARBEITER

Auf gar keinen Fall sollte die gestrige Mitteilung unsere türkischen Kollegen isolieren. Es ist uns bewusst, dass ihre Feiertage mit den unsrigen nicht ganz konform gehen: Wir werden unser Zusammentreffen daher ab sofort „Jahresendfeier" nennen. Es wird weder einen Weihnachtsbaum noch Weihnachtslieder geben.

Ich wünsche Ihnen und Ihren Familien eine schöne Zeit.

Tina Bartsch-Levin,
Leiterin Personalabteilung

######### 3. Dezember #########

AN: ALLE MITARBEITERINNEN UND MITARBEITER

Ich nehme Bezug auf einen diskreten Hinweis eines Mitglieds der Anonymen Alkoholiker, welcher einen „trockenen" Tisch einfordert. Ich freue mich, diesem Wunsch entsprechen zu können, weise jedoch darauf hin, dass dann die Anonymität nicht mehr gewährleistet sein wird. Ferner teile ich Ihnen mit, dass der Austausch von Geschenken durch die Intervention des Betriebsrats nicht gestattet sein wird: 20 EUR sei zuviel Geld.

Tina Bartsch-Levin,
Leiterin Personalforschung

AN: ALLE MITARBEITERINNEN UND MITARBEITER

Vegetarier! Auf euch habe ich gewartet! Es ist mir scheißegal, ob's euch nun passt oder nicht: Wir gehen ins Steakhaus! Ihr könnt ja, wenn ihr wollt, bis auf den Mond fliegen, um am 20.12. möglichst weit entfernt vom "Todesgrill", wie ihr es nennt, sitzen zu können. Labt euch an der Salatbar und fresst rohe Tomaten! Übrigens: Tomaten haben auch Gefühle, sie schreien wenn man sie aufschneidet, ich habe sie schon schreien hören, ätsch ätsch ätsch!

Ich wünsch euch allen beschissene Weihnachten, besauft euch und krepiert!

Die Schlampe aus der dritten Etage.

AN: ALLE MITARBEITERINNEN UND MITARBEITER

Selbstverständlich werden wir die Nichtraucher vor den Rauchern schützen und einen schweren Vorhang benutzen, der den Festraum trennen kann, bzw. die Raucher vor dem Restaurant in einem Zelt platzieren.

Tina Bartsch-Levin,
Leiterin Personalvergewaltigung

AN: ALLE MITARBEITERINNEN UND MITARBEITER

Ich kann sicher sagen, dass ich im Namen von uns allen spreche, was die baldigen Genesungswünsche für Frau Bartsch-Levin angeht. Bitte unterstützen sie mich und schicken sie reichlich Karten mit Wünschen zur guten Besserung ins Sanatorium.

Die Direktion hat inzwischen die Absage unserer Feier am 20.12. beschlossen. Wir geben Ihnen an diesem Nachmittag bezahlte Freizeit.

Josef Benninger,
Interimsleiter Personalabteilung

N: ALLE MITARBEITERINNEN UND TARBEITER

ist mir gelungen, für alle Mitglieder „Weight-Watchers" einen Tisch t entfernt vom Buffet und für Schwangeren einen Tisch ganz an den Toiletten reservieren önnen.

wule dürfen miteinander sitzen. en müssen nicht mit Schwulen n, sondern haben einen Tisch ch alleine. Na klar, die Schwulen ten ein Blumenarrangement ren Tisch.

ch zufrieden?

artsch-Levin,
n Klappsmühle

Komm, wir suchen unter der Laterne!

Gehen die Menschen heute so viel gröber und rücksichtsloser miteinander um, dass man mehr und strengere Regeln braucht, um sie zu bändigen? Das Gegenteil ist der Fall: Gerade in den Gesellschaften und sozialen Milieus, in denen fast alle besten Willens sind, tobt die PC am hemmungslosesten. Es ist wie mit dem Besoffenen, der im dunklen Park seinen Hausschlüssel verloren hat, aber lieber unter der Laterne sucht, weil es da so schön hell ist: Nur Menschen, die dafür sensibel genug sind, kann man mit Belehrungen über ihre mangelnde Sensibilität erreichen.

Deshalb spricht man lieber und mehr über die Diskriminierung gut ausgebildeter, wirtschaftlich unabhängiger westlicher Frauen als über die Frauenverachtung in Indien oder Saudi-Arabien.

Um dort, wo es ausreichend Sensibilität für die PC-Themen gibt, überhaupt etwas zu finden, muss man die Definition von Diskriminierung, Sexismus, Rassismus, Gewalt etc. allerdings immer mehr erweitern und verwässern. Aber wie soll sich ein jahrelang sexuell missbrauchter Mensch eigentlich fühlen, wenn er – wahre Geschichte! – liest, es handle sich strenggenommen bereits um „Missbrauch", wenn ein Kolumnist sein Baby in einer Zeitungsglosse erwähnt?

Und man muss bisweilen seeeehr genau suchen, um einen Hinweis auf unkorrektes Verhalten zu finden. Manchmal erinnert die PC an den hysterischen Putzwahn, den die Erkenntnisse der Elektronenmikroskopie auslösten: Plötzlich galten die Bakterien, mit denen die Menschheit seit Millionen von Jahren lebt, die man aber nie sehen konnte, als tödliche Bedrohung.

Nieder mit der Judäischen Volksfront!

Die kleinteilige und übereifrige Suche nach Verstößen gegen die PC an Orten, wo man sich dafür interessiert (in erster Linie Universitäten), fördert die Bildung sektenhafter Grüppchen, die sich am liebsten gegenseitig bekämpfen. Aus K-Gruppen sind PC-Gruppen geworden. Menschen mit guten Absichten werden von anderen Menschen mit guten Absichten hingebungsvoll attackiert, weil sie zur Kennzeichnung ihrer guten Absichten einen Unterstrich statt eines Schrägstrichs verwendet haben.

Homosexuelle erreichen in jahrzehntelangem Kampf die Homoehe – und was geschieht? Transgender kritisieren sie für ihre „Heiratssehnsucht".

Und die EMMA? Geht gar nicht aus Sicht von Feministinnen:

Die chaotische Welt der Geschlechter

Impressionen aus dem Alltag einer angehenden Berufsfeministin

Die letzte EMMA: Warum es jetzt echt reicht*

Bravo! So verschafft man den Kampagnen seiner potenziellen Verbündeten im Kampf für Benachteiligte echt Power! Und die eigentlichen Gegner kriegen aber mal so richtig Zunder. Auf Monty Pythons „Das Leben des Brian" übertragen: Die römischen Soldaten stehen kopfschüttelnd daneben, während die „Judäische Volksfront" und die „Volksfront von Judäa" sich gegenseitig die Köpfe einhauen.

---

* http://geschlechterchaos.wordpress.com/2013/01/18/die-letzte-emma-warum-es-jetzt-echt-reicht/

Weitere Beispiele für den lustvollen Kampf gegeneinander: Ein Video, das die permanente sexistische Belästigung von Frauen dokumentieren und anprangern sollte, wurde sofort attackiert. Es sei rassistisch, weil ein Großteil der im Video gezeigten Belästiger Nicht-Weiße gewesen seien. Ob es den Macherinnen des Videos wirklich darum ging? Aber schön, dass ihr Video ein Echo fand. Und dass das eigentliche Anliegen zügig in den Hintergrund geriet.

Der Berliner Koch Attila Hildmann hat es geschafft, die vegane Lebens- und Ernährungsweise auf sympathische Art populär zu machen. Der Dank der veganen Sektierer im Netz: „Du bist einfach ein 'Kein-Fleisch-Esser', eine Werbenutte auf der Welle des Veganismus."[*]

Im November 2014 veranstaltete die ARD eine „Toleranzwoche". Sowas geht natürlich gar nicht! Es war aber nicht die AfD, die dagegen protestierte. Den Job nahmen ihr die Politisch Korrekten ab, indem sie sofort die sanft provozierenden Werbeplakate der ARD kritisierten. Und gleich auch – ganz wichtig! – den Begriff der Toleranz selbst.[**] Sie wären wohl erst zufrieden gewesen, wenn gemeldet worden wäre: „ARD verabschiedet sich von der Toleranz".

Die Weltfremdheit, mit der die Politisch Korrekten annehmen, alle von ihnen vertretenen Ziele seien tatsächlich schon erreicht und man könne sich getrost in Metadebatten ergehen und in 112 Richtungen ausdifferenzieren, ist aber nicht nur komisch, sondern auch ärgerlich. Denn das permanente Eröffnen falscher Fronten schwächt natürlich die Gesamtheit und Gemeinsamkeit derer, die sich gegen echte Diskriminierung einsetzen könnten. Aber wer in dieser Weise gegeneinander kämpft statt gegen echte Missstände, hat wohl einfach keine wirklichen Probleme.

[*] *Süddeutsche Zeitung, 15.11.2014*
[**] *Zum Beispiel Carolin Emcke und Andrian Kreye in der Süddeutschen Zeitung*

Schützt die Kinder!

56 Jahre! 56 Jahre lang konnten sie sich in einem Dorf verstecken, die beiden kleinen Übeltäter. Aber dann wurden sie doch erwischt von der Sprachpolizei. Und umgehend abgeführt. Schließlich sind sie verantwortlich für den Rassismus in Deutschland. Man hatte sich ja schon gefragt, wie es kommt, dass diese Pest nicht ausstirbt. Und spätestens mit der Reinigung der Pippi-Langstrumpf-Bücher von Negerkönigen und Negerprinzessinnen dachte man, das Übel sei endgültig besiegt. Aber irgendwo hockte noch eine rassistische Zelle und entzog sich, beinahe wie der NSU, jahrelang dem Zugriff der Antirassismus-Behörden. Bis Mekonnen Meshenga einen Brief an den Thienemann-Verlag schrieb – und dieser daraufhin 2013 eine überarbeitete Ausgabe der „Kleinen Hexe" von Otfried Preußler auf den Markt brachte.*

In der Originalversion des 1957 erstmals erschienenen Buchs hieß es in der Faschingsszene: „Wie kamen die beiden Negerlein auf die verschneite Dorfstraße?" Die neue Ausgabe verzichtete nun in Abstimmung mit der Familie Preußler auf Wörter, die „nicht mehr im ursprünglichen Bedeutungsgehalt gebraucht oder verstanden werden" – wie zum Beispiel „Zigeuner", „wichsen" und eben: „Negerlein".

Super! Jetzt ist alles gut! Der Rassismus, der sich klammheimlich über Generationen in deutschen Kinderzimmern und Stadtbüchereien eingenistet hatte, ist durch das Streichen dieses Worts besiegt, ausgerottet und verschwunden. Unsere Kinder werden in einer sauberen, guten Welt auf-

---

* Das im Januar 2013 hierzu erschienene ZEIT-Dossier von Ulrich Greiner löste übrigens laut Redaktion das umfangreichste – und überwiegend politisch korrekte – Leserecho aus, das man je erlebt habe. http://www.zeit.de/2013/04/Kinderbuch-Sprache-Politisch-Korrekt

DIE VERTIKAL BENACH-
TEILIGTE VERFOLGTE
HEILKUNDIGE FEMINISTIN

VON OTFRIED PREUSSLER

wachsen und niemals mit dem Phänomen des Rassismus oder bösen Wörtern in Berührung kommen. Ein großer Sieg für den Humanismus! Ich, Marius Jung, freu mich, so als Neger!

Beziehungsweise frage ich mich: **Habt ihr sie noch alle?!?** Damit wir nicht missverstanden werden: Selbstverständlich sollen Eltern ihren Kindern den Kontext dessen erläutern, was sie ihnen vorlesen. Darin besteht ja ein entscheidender Unterschied zum Einschalten eines Hörbuchs – dass Eltern mit ihren Kindern gemeinsam den Erlebnis- und Gedankenraum einer Geschichte durchschreiten. Natürlich denken Kinder nicht historisch. Das bedeutet aber nicht, dass man ihnen alle Umstände und Denkweisen, die älter als 10 Jahre sind, vorenthalten soll. Sie müssen sie verstehen. Dafür brauchen sie jemanden, der sie ihnen erklärt. Wir wissen nicht, wie es Ihnen geht, aber wir als Väter fühlen uns wohler, wenn wir dieser Jemand sind – und nicht die Peergroup auf dem Schulhof. Gerade ein so hinreißendes, identifikationsstiftendes Buch wie die „Kleine Hexe" bot bisher einen idealen Anlass, mit Kindern über Begriffe wie „Zigeuner" und „Neger" zu sprechen.

Spannend war natürlich die Frage, was der Thienemann-Verlag statt „Negerlein" schreiben würde. Vielleicht den kuschligen Kinderzimmersatz „Wie kamen die beiden Maximalpigmentierten auf die verschneite Dorfstraße?" Aber sie waren viel kreativer: Sie ersetzten die „Negerlein" durch „Messerwerfer". Abgesehen von der Frage, wie eigentlich ein Messerwerfer-Kostüm aussehen soll, ist das doch eine gute Lösung für alle. Wenn Sie das nächste Mal in der Gefahr sind, das Wort „Neger" zu benutzen, haben Sie jetzt ein Ersatzwort: „Bei mir nebenan ist gerade ein Messerwerfer eingezogen." Das ist unverfänglich und trotzdem weiß jeder: Sie schweben in höchster Gefahr.

Von wem stammen die folgenden Werke?

Lösungen auf Seite 184/185

ZUSATZFRAGE:
Welches der folgenden Märchen stammt von den Geschwistern Grimm und welches von Hans Christian Queer-en?

- Geschwisterchen und Geschwisterchen
- Die tapfere Militärperson aus Zinn
- Die neuen Textilien der Herrschperson
- Der tapfere kleine Mensch mit Schneiderausbildung

1 Elternperson Courage

2 Der Besuch der Best-Age-Person

3 Herrschende Person und unterworfene Person

4 Die kleine Person Friedeperson

5 Die richtende Person und ihre henkende Person

6 Transgender Faber

7 Die Person mit Migrationshintergrund

8 Die Erlherrschperson

9 Aus dem Leben einer andersbefähigten Person

10 Die in Magie auszubildende Person

11 Die auf einem weiblichen oder männlichen weißen Pferd reitende Person

Zum Glück ist es für das Verständnis und den Charme der „Kleinen Hexe" nicht entscheidend, ob das Wort „Negerlein" darin vorkommt. Anderen Klassikern geht es da schon existenzieller an den Kragen, wenn sie den Politisch Korrekten in die Hände fallen. Ein Beispiel ist der Versuch eines US-Sprachwissenschaftlers, eine bereinigte Fassung von Mark Twains *Huckleberry Finn* zu erstellen. Seit sich dieser Versuch als aussichtslos erwiesen hat, wird das Buch in einigen US-Staaten nicht mehr in der Schule behandelt. Kann das das Ziel sein? Schüler sollen nicht mehr anschaulich erfahren, wie die Welt aussah, als sie noch nicht den Regeln der Political Correctness folgte? Was kommt als Nächstes? Welches Frauenbild hatte eigentlich Michelangelo? Darf man Michael Jacksons Musik irgendwann nicht mehr hören, weil sich herausstellt, dass er immer Einwegflaschen verwendet hat? Und kann man Kindern die Erwähnung des Wortes „Krieg" eigentlich zumuten? Es wäre doch viel schöner, wenn es nie Kriege gegeben hätte. Lasst uns das Wort und die Erinnerung daran streichen – und die Welt wird eine bessere sein.

(Fortsetzung auf Seite 94)

Aktion saubere Kinderbücher

Die Eltern von Justin (8) sind verzweifelt. Ihr Sohn ist traumatisiert, seit er den Anfang eines Kinderbuchs gelesen hat:

Als Robbie gähnend in die Küche kam, saß seine Schwester Marie schon am Frühstückstisch und kaute an einem Toastbrot mit Marmelade. Auf ihrem Schoß lag Benedikt, der schwarze Kater der Familie. Papa schmierte ihnen gerade Schulbrote und legte jedem einen Apfel dazu, während Mama hektisch nach den Autoschlüsseln suchte. „Verdammt, ich komm wieder zu spät zum Gericht!" Mama war Rechtsanwältin und musste immer superpünktlich sein, wenn eine Verhandlung anstand. Heute sollte sie einen Obdachlosen verteidigen, der wegen angeblichen Diebstahls angeklagt war. „Denkst du dran, dass Marie nach der Schule zum Reiten geht?" fragte sie Papa. „Und danach muss sie unbedingt die Bluse für Omas Beerdigung anprobieren! Und Robbie hat heute noch Hausarrest wegen der Sache mit der Steinschleuder."

An dieser Stelle musste Justin das Buch, von Weinkrämpfen geschüttelt, weglegen. Verzweifelt fragt er seine Eltern: „Warum isst das Mädchen in dem Buch giftiges Gluten? Und wieso gibt es da eine Katze? Wir haben doch einen Hund. Ist das weniger wert? Und Mama ist Ärztin – darf ich da nicht mehr stolz drauf sein? Und was ist eine Beerdigung? Und eine Steinschleuder?"

Empört schreiben die engagierten und besorgten Eltern von Justin an den Verlag und weisen auf die kürzlich verabschiedeten „Gütersloher Richtlinien" hin, mit denen die „Aktion saubere Kinderbücher" allen Verlagen eine hilfreiche Handreichung zum Vermeiden der schlimmsten

Fehler und Verletzungen zur Verfügung gestellt hat, um das Kindeswohl zu schützen.

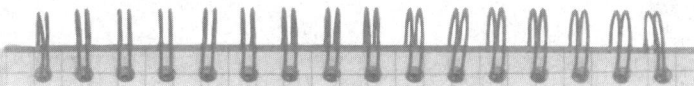

Die Gütersloher Richtlinien:

❶ Personen dürfen nicht mehr geschlechtsgebunden benannt werden, um keine Geschlechterrollen festzulegen. Also nicht „Conni", „Max", „Bruder", „Schwester", „Mutter", „Vater", „Junge", „Mädchen", „Lehrerin" etc., sondern „Elternperson", „Kind", „Geschwister", „Unterrichtsperson Schmidt" etc.

❷ Kraftausdrücke und Flüche sind generell verboten.

❸ Verwöhnungs- und Bestrafungsakte von Elternpersonen und anderen Erwachsenenpersonen gegenüber Kindern dürfen nicht erwähnt werden.

❹ Krankheiten, Verdauungsvorgänge, schlechtes Wetter, klimagefährdende Handlungen (Autofahren, Flugreisen, warmes Duschen etc.) sowie Missgeschicke und Unglücksfälle dürfen nicht erwähnt werden. Die Lesepersonen können dadurch traumatisiert werden.

❺ Tod, Gewalt und Sexualität sind absolut tabu.

❻ Tiere sollen wegen möglicher Veganer-Proteste sowie aus Tierschutzgründen nicht erwähnt werden; zudem droht die Kränkung eines Kindes, dessen Lieblingstier ein anderes ist als das im Buch beschriebene.

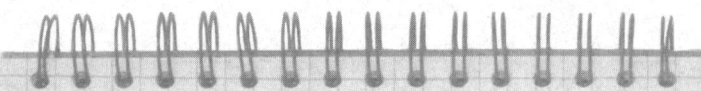

7 Menschen mit Migrationshintergrund sowie Senioren und Behinderte dürfen wegen Diskriminierungsgefahr nicht erwähnt werden.

8 Religiöse Bekenntnisse und Handlungen dürfen wegen Diskriminierung und Terrorgefahr nicht erwähnt werden.

9 Waffen und Gegenstände, die für Gewaltakte verwendet werden könnten (z.B. Steine, Brotmesser, Förmchen), dürfen nicht erwähnt werden.

10 Handelnde Personen dürfen keine Drogen konsumieren, nicht rauchen, keinen Alkohol trinken, kein Fleisch essen, nichts mit Zucker Gesüßtes und nur in Maßen Kohlehydrate zu sich nehmen. Für jede Erwähnung von „Teigwaren" (das Wort „Nudeln" ist zu meiden, weil es auch andere Waren aus Teig gibt) muss dreimal „Gemüse und Obst" erwähnt werden. Achtung: Keine konkreten Früchte nennen. Minderjährige Lesepersonen, die gerne Birnen essen, fühlen sich ausgegrenzt, wenn ein Kind in einem Buch einen Apfel isst.

11 Alle Handlungen spielender Kinder müssen mit der „Aktion: Das sichere Haus" abgestimmt sein. Jegliches „Toben" (Rennen, Auf-Stühle-Klettern etc.) ist tabu, weil es minderjährigen Lesepersonen Angst macht und sie zu gefährlicher Nachahmung verleitet.

⓬ Sportliche Aktivitäten sowie Risikosportarten wie Klettern, Hüpfen und Spazierengehen dürfen wegen der Dopingproblematik und der Nachahmungsgefahr nicht erwähnt werden.

⓭ Die Kleidung von Personen darf wegen Kinderarbeit, der Gefahr der Festlegung geschlechtsspezifischer Rollen und zur Vermeidung von Modediktaten nicht erwähnt werden.

⓮ Der Körperbau von Personen darf wegen Diskriminierungsgefahr nicht thematisiert werden.

⓯ Geschichten dürfen nicht in einem konkreten Land oder einer konkreten Stadt spielen – eine Geschichte, die in Deutschland spielt, diskriminiert Belgien, Venezuela und Birma.

⓰ Konkrete Berufe dürfen nicht erwähnt werden: Wenn eine Elternperson im Büro arbeitet, diskriminiert das die Verkäuferpersonen etc. Nur noch „Erwerbstätigkeitsperson" verwenden.

Um konstruktiv zu sein, fügen Justins Eltern am Ende einen eigenen Vorschlag für einen spannenden Kinderbuchtext hinzu:

Kindpersonen absolvieren den Tagesablauf. Soziale oder biologische Elternpersonen nehmen genderneutrale Handlungen vor. In der Schule lernen die SuS, dass alle Personen unabhängig von Geschlecht, Hautfarbe, körperlicher Befindlichkeit, Begabung, sexueller Orientierung und Beruf gleichberechtigt sind.

Was ist hier los? In der Regel lesen nur solche Eltern ihren Kindern Preußler und Lindgren vor, die das seinerzeit selbst vorgelesen bekamen. Sie stören sich an „rassistischen" Ausdrücken, sind also offenbar selbst keine Rassisten. Obwohl ihnen die Bücher vorgelesen wurden. Was genau befürchten sie jetzt bei ihren Kindern? Wieviele Leser von Pippi Langstrumpf, Otfried Preußler und Mark Twain sind zu Rassisten geworden?

Nochmal zu Pippi Langstrumpf: 45 Jahre nach der Erstausstrahlung werden jetzt die beliebten Kinderfilme „gereinigt", das heißt: Es werden – zunächst nur in der schwedischen Originalfassung – alle Szenen verändert oder herausgeschnitten, die aus heutiger Sicht als diskriminierend oder „anstößig" aufgefasst werden könnten. So fehlt künftig die Szene, in der Pippi einen Chinesen imitiert, indem sie die Augen zu Schlitzen formt. Und natürlich wird jeder „Negerkönig" durch „König" ersetzt. Begründung: Die Zuschauer seien Kinder, die nicht „beleidigt oder verletzt" werden sollten.[*]

Aber ist das wirklich so? Sind Kinder tatsächlich solche Mimosen? Oder sind nicht doch eher ihre Helikoptereltern das Problem? Früher geschah die Weltaneignung von Kindern, indem sie lernten, wie die Welt beschaffen war, und sich ihr anpassten. Heute ist es umgekehrt: Die Welt wird sprachlich in Watte gepackt und so der angeblichen Empfindlichkeit der Kinder angepasst. Das ist nicht nur eine empörende Entmündigung, sondern auch eine unglaubliche Anmaßung. Solche Eltern halten und verkaufen ihre Kinder für dumm. Aber es geht ja eigentlich gar nicht um die Kinder – sondern um die Ängste und Tabus der Eltern. Die übertragen sie auf ihre Kinder und verwehren ihnen damit einen offenen, neugierigen Blick in die Welt. Die Fähigkeit

---

[*] http://www.wunschliste.de/tvnews/m/pippi-lang-strumpf-schwedisches-fernsehen-zensiert-kinderklassiker

Die Märchen sind von den Gebrüdern (!) Grimm bekanntlich in übelst triggernder Sprache und ohne jede Rücksicht auf Gendergerechtigkeit, Gewaltfreiheit und Tierschutzbelange niedergeschrieben worden. Hier ein Auszug:

Der Froschkönig oder der eiserne Heinrich

Als die Prinzessin aber im Bette lag, kam er gekrochen und sprach: „Ich bin müde, ich will schlafen so wie du; heb mich hinauf, oder ich sags deinem Vater." Da ward sie erst bitterböse, holte ihn herauf, warf ihn aus allen Kräften wider die Wand und sagte: „Nun wirst du Ruhe haben, du garstiger Frosch!" Als er aber herabfiel, war er kein Frosch, sondern ein Königssohn mit schönen, freundlichen Augen. Der war nun nach ihres Vaters Willen ihr lieber Geselle und Gemahl. Da erzählte er ihr, er wäre von einer bösen Hexe verwünscht worden.

Hier eine eltern- und kindgerechte Version:

Die Amphibienherrscherperson oder die eiserne Person

Als das Herrschpersonreproduktionsergebnis aber im Bette lag, kam das Amphibium gekrochen und sprach: „Ich bin müde, ich will beim Schlafen gleichberechtigt sein; heb mich hinauf, oder ich sags deiner Elternperson." Da ward das Herrschpersonreproduktionsergebnis erst traumatisiert wegen der erpresserischen Drohung, holte ihn herauf, bereinigte den Konflikt mit autoritären Methoden und sagte „Nun wirst du Ruhe haben, du optisch nicht ansprechendes Amphibium!" Als es aber herabfiel, war es kein Amphibium, sondern ein Herrschpersonreproduktionsergebnis mit Augen. Das ward nun entsprechend dem Diktat der Herrschperson die verpartnerte Person des Herrschpersonreproduktionsergebnisses. Da erzählte es ihm, es wäre von einer verfolgten Feministin in dem Brunnen in Sicherheit gebracht worden.

von Kindern, Fiktion und Realität zu unterscheiden, wird dramatisch unterschätzt; das Selbstbewusstsein von Eltern, ihren Kindern auch unschöne Dinge zu erklären, anstatt sie komplett dagegen abzuschirmen, scheint sehr gering. Oft ist der angebliche Schutz der Kinder einfach nur ein Vorwand für die eigene Prüderie oder Angst. Da sind dann plötzlich alle hosenlosen Tiere – von Pu dem Bär über Paddington, Donald Duck und Schweinchen Dick – eine Bedrohung. Könnten ja Sexualverbrecher sein.

Und noch etwas irritiert. Wir leben ja in einem freien Land. Was bedeutet: Es ist schön, wenn Eltern ihren Kindern zutrauen, mit Pippi Langstrumpf, der Kleinen Hexe, dem Struwwelpeter und Pu dem hosenlosen Bär fertigzuwerden – und sich selbst zutrauen, ihre Kinder dabei zu begleiten. Aber es wird niemand *gezwungen*, diese Bücher vorzulesen. Achtung, große Enthüllung: Man muss nicht dafür sorgen, dass Bücher umgeschrieben werden, nur weil man selbst nicht damit klarkommt. Und auch die volkspädagogische Zeigefingervariante – „Ich versteh's zwar, aber die anderen nicht, deshalb muss der Text geändert werden" – ist nicht zwingend.

Man kann die Sache auch individuell lösen, indem man ein Buch einfach weglegt. Oder gar nicht erst kauft. Aber wir geben zu: Diese Form der Toleranz, die anderen gestattet, etwas zu lesen, obwohl es einem selbst nicht gefällt, verlangt schier übermenschliche Anstrengungen vom typischen *homo correctis germanicus*.

Natürlich geht die Welt nicht unter, wenn ein „Negerkönig" durch einen „Südseekönig" ersetzt wird. Es ist generell sinnvoll, ältere Texte behutsam an den Sprachgebrauch der Gegenwart anzupassen. Unbehagen kommt dann auf,

(Fortsetzung auf Seite 100)

ACH, ELTERN!

Manche Kinder werden es mal richtig schwer haben – wenn sie groß sind und entdecken, dass es da draußen noch eine echte Wirklichkeit gibt neben der kleinen politisch korrekten Vollkasko-Welt, in der ihre Eltern sie eingesperrt halten. In der schrecklichen „Realität" verhalten Menschen sich manchmal anders als die vorbildlichen Eltern dieser Kinder – bisweilen sogar falsch! Mit so einer grausamen Wahrheit dürfen Kinder natürlich nicht konfrontiert werden in Büchern. Diese sollen vielmehr genau das widerspiegeln, was bei Familie Korrektheimer zuhause gilt – und sonst nichts. Das zeigen die Beschwerden, die Eltern an Kinderbuchverlage richten. Aber seien wir nicht ungerecht: Die armen Mütter und Väter sind den tödlichen Gefahren, die ihre Kinder aus Bilderbüchern heraus bedrohen, schließlich vollkommen machtlos ausgeliefert. Ihre Kinder durch Erklärungen zu begleiten, kommt ihnen jedenfalls nicht in den Sinn. Und ihnen die Unterscheidung von Fiktion und Realität zuzutrauen, auch nicht. Lieber machen sie sich die Mühe, lange Beschwerdebriefe zu verfassen.

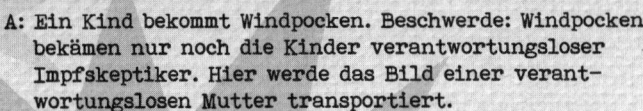

Wahr oder unwahr?

6 der folgenden 10 Beschwerden sind echt. Welche?

A: Ein Kind bekommt Windpocken. Beschwerde: Windpocken bekämen nur noch die Kinder verantwortungsloser Impfskeptiker. Hier werde das Bild einer verantwortungslosen Mutter transportiert.

B: Ein Kind schluckt eine rote Zauberpille, die unsichtbar macht. Beschwerde: So lernten Kinder, jede herumliegende Tablette zu schlucken.

C: Ein Friseurbesuch wird geschildert. Beschwerde: „Mein Kind hat sein Kuscheltier eingefärbt. Das ist Ihre Schuld!"

D: Ein Kind wünscht „Papa und Mama" gute Nacht. Beschwerde: Die Reihenfolge zementiere die Vorherrschaft des Mannes; es müsse „Mama und Papa" heißen.

E: Eine Familie macht gemeinsam Pizza. Beschwerde: Es werde Fertigteig verwendet, das gehe ja gar nicht.

F: Eine Familie fährt mit dem Auto in den Urlaub. Beschwerde: Zugfahren sei ökologischer und sicherer.

G: Ein Vater ruft in einem Bilderbuch: „Jetzt haltet mal alle den Mund!" Beschwerde: Der autoritäre Ton des Mannes mache Kindern Angst. Außerdem werde das Recht auf freie Rede eingeschränkt.

H: Ein Reim-Buch enthält den Vers „Fumpf kleine Federmäuse tranken Sekt und Bier. Die eine hat zu viel getrunken, da waren's nur noch vier." Beschwerde: Das Koma-Saufen werde Kleinkindern als etwas Lustiges beschrieben.

I: Kinder bauen sich eine Angel aus Weidenruten. Beschwerde: „Angeln ist Tierquälerei."

J: Eine Familie unternimmt eine Radtour. Beschwerde: Mama und Papa haben keinen Helm auf!

Lösung auf S. 185

wenn diese „Anpassungen" nicht sprachlich, sondern politisch-ideologisch begründet sind. Weil die wenigsten wirklich in einer Gesellschaft leben wollen, in der Menschen Zeit darauf verwenden, Kinderbuchklassiker auf verbotene Wörter zu durchsuchen und deren Änderung zu erzwingen. Und: Wo fängt man an und wo hört man auf? Ist eigentlich jemals bemerkt worden, dass Astrid Lindgren nicht nur Rassistin, sondern auch Sexistin war? Beweis: Der „Spikulant", der die Villa Kunterbunt kaufen will, sagt in der deutschen Ausgabe bis heute: „Weibsleute verstehen ja nichts von Geschäften." Zudem sucht sich Thomas im Spielzeugladen ein Luftgewehr und eine Dampfmaschine aus, Annika hingegen eine Puppe, die „Mama" sagen kann. Dabei weiß man doch, dass Jungs eigentlich auf rosa Puppen stehen und Mädchen ganz wuschig werden, wenn sie Waffen und Technik sehen. Und die Lehrerin versucht Pippi auf traditionelle Geschlechterrollen festzulegen und grenzt sie von jeglicher inklusiven Bildungsmöglichkeit aus mit der Feststellung, dass „kein Mädchen, das sich wie Pippi aufführe, in die Schule gehen dürfe".

Aber auch sonst wimmeln die Pippi-Langstrumpf-Bücher von verantwortungslosen Sätzen: Wo „verhaltensoriginell" stehen müsste, nennt die Lehrerin Pippi ein „schwieriges Kind". Anstatt einander zu bescheinigen, sie seien „vom Bildungssystem nicht erreicht", bezeichnen die Kinder einander wiederholt als „dumm". Der Spikulant droht den Kindern mit Prügel – was heutige kleine Leser zwangsläufig traumatisieren muss. Zwei ~~Obdachlose~~ Wohnungssuchende werden als „Landstreicher" bezeichnet und als gewohnheitsmäßige Diebe dargestellt. Außerdem lässt Lindgren Kinder Kaffee trinken, setzt die Schulbildung herab, missbraucht einen Affen gegen alle Tierschutzregeln als Haustier und nennt eine Figur „Adolf". In einem Buch, das 1945 erschienen ist. Eindeutiger geht's wohl nicht mehr.

Meine Elternperson war eine Wanderperson

Es ist heillos. Am besten tut man mit den Pippi-Lang-strumpf-Büchern das, was konservative Kritiker schon damals forderten: gänzlich verbieten. Dann wäre es der PC doch noch gelungen, das Werk der reaktionären 50er-Jahre-Pädagogen zu vollenden. Ein schöner Erfolg! Im Ernst: Es ist schon ziemlich irre, dass ausgerechnet einer Figur wie Pippi, die ja gerade geschaffen wurde, um Kindern zu zeigen, dass man *nicht* immer alles korrekt machen muss, nun ihre Inkorrektheit vorgehalten wird.

Ähnliches widerfährt dem strengen Nikolas aus dem „Struwwelpeter": Er bestraft drei Jungen, die einen „Mohren" wegen seiner Hautfarbe verspotten – eine für 1845 geradezu revolutionär aufklärerische und antirassistische Moral. Weil er die Jungen aber bestraft, indem er sie in schwarze Tinte taucht, lautet der politisch korrekte Reflex: Hier wird „Schwarzsein" als Strafe, also als negativ dargestellt. Außerdem steht da „Mohr". Also ist die Geschichte rassistisch. Und sowieso ist der Struwwelpeter pädagogisch nicht korrekt, weil Kinder, die etwas Falsches tun, drastische Gewalt erleiden.

Man greift sich an den Kopf. Auch hier fehlt wieder jegliches Vertrauen in die Fähigkeit von Kindern, Realität und Fiktion zu unterscheiden – was den Blick darauf verstellt, wie genial der „Struwwelpeter", aber auch Grimms Märchen archaische Ängste aufgreifen und ihnen einen Platz zuweisen. Was ja allemal besser ist, als die Kinder mit ihren Ängsten alleinzulassen, indem man alles tabuisiert, was sie „triggern" könnte. Kinder verstehen nicht, warum etwas tabuisiert wird, aber sie spüren natürlich, dass sie nicht nachfragen dürfen. Erinnert irgendwie an die bigotte Moral des viktorianischen 19. Jahrhunderts und an die Verlogenheit des Katholizismus. Gute Gesellschaft, ihr Politisch Korrekten?

Gender im Alltag

Personoperson, kannst du nicht aufpassen!

La, le, lu - nur die Person im Mond schaut zu

Die sind wie Hund / Hündin und Katze / Kater.

Komm, wir gehen Enten / Erpel füttern!

Liebe Gemeinde, wir sprechen nun das Elternpersonunser.

Typisch Person!

„Märchen, Schere, Feuer, Licht ...

Die frühere Familienministerin Kristina Schröder (CDU) vereint in ihrer Person aufs Schönste die konservative mit der politisch korrekten Prüderie. Sie findet Grimms Märchen „sexistisch" und erklärte, sie beim Vorlesen entsprechend zu entschärfen.[*]

Super! Kindersicherungen jetzt nicht nur für Steckdosen, sondern auch für Geschichten. Allerdings stellt sich auch hier wieder die Frage: Wo fängt man an und wo hört man auf? Denn Märchen sind ja nicht nur sexistisch, sondern auch auf andere Art diskriminierend, gewaltverherrlichend und bedenklich. So werden Schneider als arm diskreditiert, Wölfe grundsätzlich als böse dargestellt und die Monarchie als einzige Regierungsform verherrlicht. Aber mal im Ernst: Märchen sind – auch für Kinder erkennbar – nicht real. Genau das macht doch ihren Reiz aus. Und ganz kleine Kinder beziehen sowieso nichts auf die Realität ihrer Gegenwart. Diese Vorstellung entspringt einem Erwachsenenblick. Überholte Rollenbilder lernen Kinder nicht durch Märchen, sondern eher durch die abschätzigen Kommentare ihrer (männlichen und weiblichen) Bezugspersonen über angebliche Rabenmütter, über die Kleidung anderer Frauen, über die „Schlampe", die angeblich ihren älteren Bruder unglücklich macht, oder sonstige unkorrekte Weisheiten politisch korrekter Menschen.

Aber der außer Kontrolle geratene politisch korrekte Kinderschutzgedanke, der sich immer weiter von den tatsächlichen Gefahren entfernt (vor denen man Kinder natürlich beschützen muss), trifft ja nicht nur Kinderbücher.

---

[*] *http://www.focus.de/politik/deutschland/grimms-maerchen-zu-sexitisch-kristina-schroeder-entschaerft-geschichten-fuer-ihre-tochter_aid_884254.html*

KINDER UNERWÜNSCHT!

Irgendwie ist das Wort „Kind" nicht korrekt. Wahrscheinlich, weil Kinder sich so selten korrekt verhalten, sondern einfach sagen, was sie sehen. Zum Glück gibt es mit Ausdrücken wie „Menschen ab 8", „Kleine Leute" oder „Kleine Menschen" eine total engagiert klingende, korrekte Alternative, die Kinder zu kleinen dressierten Erwachsenen macht, die sich stets korrekt verhalten.

Hier die sieben schönsten neuen Wort-Zusammensetzungen:

- Kleine-Menschen-Garten

- Kleine-Menschen-Schokolade

- „Komm, wir spielen Elternperson – Elternperson – kleiner Mensch!"

- Kleine-Menschen-Arbeit

- Kleine-Menschen-Wunsch-Sprechstunde

- Kleine-Menschen-Lähmung

- Kleiner Kleiner Mensch (= Baby)

So gibt es mittlerweile einen hysterischen Generalverdacht gegen Männer, der nicht nur für diese, sondern auch für Kinder einfach nur schrecklich ist. Australische Fluglinien verbieten mittlerweile, dass ein Mann neben einem allein reisenden Kind sitzt. Das mag eine harmlose Maßnahme sein – aber sie vermittelt Kindern die Botschaft: Wir haben dich in eine Welt gesetzt, in der 3,5 Milliarden MONSTER auf zwei Beinen herumlaufen. Also nimm dich in Acht! Du bist immer in Gefahr!

So richtig schlimm wird es, wenn man Kindern diesen Generalverdacht gegen ihre eigenen männlichen Bezugs- und Vertrauenspersonen einimpft. So werden in Deutschland händeringend männliche Erzieher gesucht – einerseits. Als Rollenmodell, für eine vielfältigere Erziehung und weil Männer sich endlich auch mal an der bisherigen Frauenaufgabe „Erziehung" beteiligen sollen. Aber andererseits kennt jeder männliche Erzieher die panischen Blicke von Eltern, wenn der Angstfilm in ihren sexualisierten Hirnen abläuft: Ein MANNMONSTER soll mein wehrloses Kind auf den Schoß nehmen? Oder es gar wickeln? No way! Und so gibt es in immer mehr Kitas Regeln, die es männlichen Erziehern verbieten, Kindern zu nahe zu kommen. Aber wie soll ein Kind, das sich wehgetan hat, begreifen, warum der nette Erzieher es nicht auf den Arm nimmt und tröstet? Ausgerechnet jetzt, wo es seine liebevolle Zuwendung am dringendsten braucht?

Der Begriff der Liebe ist mittlerweile im Zusammenhang mit Kindern und Erziehung komplett tabuisiert – weil hysterische Menschen nicht begreifen, dass die Liebe des erziehenden Erwachsenen zum Kind und umgekehrt VERDAMMT NOCHMAL NICHTS MIT SEX ZU TUN HAT.

Väter überlegen sich heute dreimal, ob selbst enge Freunde mit der Information überfordert sein könnten, dass

Geschwister Grimm

Von der fischenden Person und der dazugehörigen verpartnerten Person

sie gleichzeitig mit ihrem nur wenige Monate alten Baby in der Badewanne waren. Lieber nicht erzählen! Oder vielleicht sogar: Lieber nicht machen? Lieber auf Distanz gehen zum eigenen Kind? Lieber keinen Körperkontakt?

Und auch Verwandte, Erzieher und Lehrer verinnerlichen inzwischen, wie das höchste Gebot einer politisch korrekten Erziehung lautet: Distanz. Was wir unseren Kindern antun, wenn eine lieblose Erziehung zum Ideal wird, fragt sich lieber keiner. Denn für das, was Kinder brauchen, interessiert sich Politische Korrektheit nicht so.

DAS 4. UND
DAS 9. GEBOT:

4
DU SOLLST DEINE
ELTERNPERSON
UND DEINE
ELTERNPERSON EHREN

9
DU SOLLST NICHT
BEGEHREN DEINER
NÄCHSTEN PERSON
PERSON

Hat Gandhi überhaupt seinen Müll getrennt?

Für Politisch Korrekte ist es vollkommen egal, in welchem Zusammenhang eine Äußerung oder Handlung steht. Kunst, Satire oder gar Ironie? Keine Entschuldigung. Der Übeltäter lebte vor 200 Jahren? Das zählt nicht! Und es genügt ein Einzelaspekt, um die gesamte Person zu ächten: Eine Autorin, ein Dirigent oder ein Fußballprofi, die eine politisch unkorrekte Äußerung tun, sind danach nicht nur in ihrem Beruf, sondern auch in allen anderen Rollen (Jurymitglied, Familienvater, Kolumnist etc.) unten durch.

Einige Beispiele für diesen kontextunabhängigen Tugendwahn:

Engagierte Kirchenkritiker fordern, den 500. Jahrestag der Reformation 2017 nicht zu feiern, weil Martin Luther ein Antisemit war.[*] Er war das unbestritten – wie leider die allermeisten seiner Zeitgenossen. Der absichtlich geschürte politisch korrekte Irrtum besteht darin, man feiere diesen Antisemitismus, wenn man der Reformation gedenke.

Wenn der über 90-jährige Ex-Kanzler Helmut Schmidt sich in die Öffentlichkeit begab, war nur eines vorhersehbar: Irgendwelche Idioten verklagten ihn, weil er dort eine Zigarette geraucht hatte.

In einer US-Humorsendung sollen sechs- und siebenjährige Kinder Politiker mimen und auf Fragen des Moderators antworten. Auf die Frage „Amerika schuldet China

---

[*] *http://www.christundwelt.de/detail/artikel/das-ist-nicht-meine-party/*

viel Geld, 1,3 Billionen Dollar. Wie sollen wir das zurück-zahlen?" sagte ein Junge spontan und zur Belustigung des Publikums: „Alle Chinesen töten." Eine asiatisch-amerika-nische Initiative fand danach, hier werde „ein Genozid an chinesischen Menschen promotet. Wir nehmen das ernst, denn die gleiche Rhetorik wurde in Nazi-Deutschland ge-gen jüdische Menschen verwendet."[*] Stimmt: Auch Hitler forderte 1896 als Siebenjähriger in einer Talkshow von Radio Braunau, alle Juden zu töten.

Das PC-Steckenpferd ist immer mit dabei. Ein Buch mit gezeichneten Katzen wird in einem Forum so kommentiert: „Katzen sind süß. Aber Katzenfutter wird aus Rindern aus Massentierhaltung gemacht. Das ist blöd."

Ein Proseminar über das 17. Jahrhundert: Den angehen-den Historikern ist unbehaglich bei dem Wort „Türken-kriege". Sie möchten lieber nicht, dass dieses Wort in den alten Quellen steht.

Der Kolumnist Axel Hacke sammelte über viele Jahre die schönsten kindlichen „Verhörer", die Leser und Fans ihm schickten, und gab sie als Buch heraus. Einen der lustigs-ten nahm er als Titel: Im Lied „Der Mond ist aufgegangen" hatte jemand als Kind statt „Der weiße Nebel wunderbar" immer verstanden: „Der weiße Neger Wumbaba". Wäh-rend seiner Lesetour wurde Hacke dafür doch tatsächlich von eifrigen politisch korrekten Aufpassern als Rassist at-tackiert. Man kann gar nicht so viel wachbleiben, wie man gähnen möchte ob soviel tugendhafter Idiotie.

[*] http://www.welt.de/vermischtes/article121356680/Empoerung-ueber-Alle-Chinesen-toeten-Spruch.html

Blockwarte und Pussies

Die Grundhaltung der Politischen Korrektheit bewegt sich zwischen selbstbezogener Weinerlichkeit und aggressiver Besserwisserei. Man fühlt sich selbst oder andere permanent ausgeschlossen, angegriffen, diskriminiert, benachteiligt, „getriggert". Und frönt zugleich der Neigung, andere mit erhobenem Zeigefinger zu erziehen. Politisch Korrekte erkennt man am eifernden Vertreten der „richtigen" Lebensweise. Ihr Standpunkt ist stets der der moralischen Reinheit und Überlegenheit, und sie wissen stets genau, was „man" darf und was nicht. Und teilen das in jeder möglichen und unmöglichen Situation mit. Selbstzweifel kennen sie nicht.

Toleranz und Gelassenheit sind meist Fehlanzeige. Der normale Ton ist die gellende Empörung. Kulturtechniken wie Argumentieren, Lesen und Zuhören werden ersetzt durch reflexhafte Reaktionen auf bestimmte Reizwörter. Dabei kann man deutlich besser austeilen als einstecken. Typisch ist ein masochistisches Lauern auf die Zurückweisung absurder und bevormundender Vorschläge, gefolgt von lautem Aufheulen wegen der Kritik.

Die Psychiaterin Heidi Kastner hat sich erfrischend deutlich über die Furcht vor klarer Sprache und über das übergroße Verständnis für ein Phänomen geäußert, das sie „chronische Verbitterung nach ‚nicht gerade weltbewegender Kränkung'" nennt.

„Die gesellschaftliche Akzeptanz für Störungen, bei denen man jemand anderem die Schuld zuschreiben kann, ist unrealistisch hoch. Es ist absolut akzeptiert, zu sagen: „Ich bin an meinem Arbeitsplatz gekränkt worden, jetzt bin ich zwar erst 43 Jahre alt, aber ich bin nicht mehr arbeitsfähig." Derweil wird unsere Sprache immer verschwommener und wir dürfen kaum

noch ein unfreundliches Wort sagen. Leider erzeugt andauern-
des politisch korrektes Geschwafel ein völlig verschrobenes
Bild von der Welt."[*]

Das öffentliche Leben ist mittlerweile so normiert, dass
schon eine geringfügige Abweichung vom Erwartbaren als
Verstoß empfunden wird.

Im September 2014 entschuldigte sich die Deutsche Bahn,
weil auf ihrer Anzeigetafel im Stuttgarter Hauptbahnhof
als Grund für eine Verspätung das Benehmen „verhaltens-
gestörter Wasen-Besucher" gestanden hatte.

Im Oktober 2014 entschuldigte sich das ZDF, weil ein Mo-
derator ein olivgrünes Hemd getragen hatte, das auf manchen Bildschirmen braun gewirkt hatte.

Im November 2014 hängte die Sparkasse Berlin ein Wer-
bebanner in ihren Farben rot-weiß wieder ab – einige hatten darin und in dem angeblich runenförmigen „S" eine
Nazi-Ästhetik erblickt.

Manchmal wirkt es so, als sei die Politische Korrektheit
einfach nur die Rückkehr der prüden Etepetete-Moral adli-
ger alter Schachteln des 19. Jahrhunderts: „Das macht man
nicht. Das sagt man nicht. Über Unangenehmes wird einfach nicht gesprochen – dann geht es vielleicht weg."

Aber Themen, über die man nicht spricht, verschwinden
nicht. Deshalb ist die Etepetete-Klasse, der Maggie Smith in
„Downton Abbey" ein so grandioses Denkmal gesetzt hat,
auch ihrer Macht verlustig gegangen und ausgestorben.

---

[*] http://www.spiegel.de/panorama/gesellschaft/heidi-kastner-im-interview-
ueber-wut-und-aggression-a-1000530.html

Mannomann: Die Frauen!

Wir könnten es uns ganz leicht machen und hier einfach nur das Cover des Buchs „Tussikratie" von Friederike Knüpling und Theresa Bäuerlein abbilden. Darin steht viel Kluges zu einer Spielart des Feminismus, bei der sich Frauen für ein Unrecht rächen, das sie selbst nie erlitten haben. Und wir wären das Problem los, als *WHMs* vom PC-Teil der öffentlichen Meinung ohnehin als Sexisten bezeichnet zu werden – völlig egal, was wir zum Thema Geschlecht und Feminismus schreiben.

Aber so einfach wollen wir es uns nicht machen. Und es wäre auch unfair gegenüber den „Tussikratie"-Autorinnen, sie als Kronzeuginnen unserer Sicht einzusetzen. Wir wollen uns schließlich auch selbst aussuchen dürfen, wer sich zu Recht auf uns und unser Buch beruft – und wer zu Unrecht.

Seit langem tobt ein erbitterter Streit um die Frage, ob die Unterschiede zwischen den Geschlechtern angeboren oder anerzogen seien. Die einen zitieren Untersuchungen an Babys und sogar Primaten, die auf angeborene Interessens- und Wesensunterschiede hinweisen; die anderen erinnern daran, dass die Unterschiede zwischen erwachsenen Männern und Frauen viel größer sind als die zwischen Jungs und Mädchen, was für den Einfluss der Erziehung spricht.

Wir wollen diese Debatte nicht erneut führen. Wir finden es albern, die beiden Stränge gegeneinander auszuspielen, die Persönlichkeiten und Rollenverständnisse formen. (Interessanterweise verliert die „Alles-Erziehung"-These übrigens rapide an Anhängern, sobald man mit Eltern spricht. Kategorisches Entweder-oder-Denken wird von Kindern

Warum nicht mal
'ne Frau?

fröhlich-anarchistisch unterlaufen, indem bisweilen ausgerechnet die Töchter der entschlossensten PCler und Kampffeministinnen ihre Rosa-Lilifee-Phase am intensivsten ausleben.) Und wir fragen uns, ob Unterschiede zwischen Männern und Frauen an sich ein Problem sind, solange sie keine unterschiedlichen Rechte begründen. Gleichberechtigung finden wir ein sinnvolles Ziel – Gleichheit nicht.

Oder wie der Satan der politisch korrekten Genderfraktion Harald Martenstein es ausdrückt:

„In Wirklichkeit ist die Biologie längst weiter. Sie kann zeigen, dass Männer und Frauen in vielen Bereichen gleich sind, in anderen verschieden. Sonst wäre die Evolution ja sinnlos gewesen – wozu zwei Mal das gleiche Modell entwickeln? Beide Geschlechter haben Stärken und Schwächen, die sich ergänzen, und ganz sicher ist keines ‚besser' als das andere. Wenn ein Mann und eine Frau zusammen in Urlaub fahren wollen, wird in 80 Prozent der Fälle sie noch schnell das Gespräch mit einem schwierigen Handwerker führen, während er den Kofferraum belädt. Das ist nicht sexistisch, das ist klug." [*]

Es geht um den Umgang mit Unterschieden, nicht um deren Bestreiten oder Abschaffen. Anders sein heißt nicht weniger wert sein.

Lustig wird es übrigens, wenn die Vertreterinnen der „Alles-Erziehung"-These gleichzeitig eine stark anthropologisch eingefärbte „Frauen-sind-die-besseren-Menschen"-Haltung an den Tag legen – und wenn sie beklagen, dass Männer weiterhin solche Machoschweine seien. Wenn alles Erziehung ist, stellt sich angesichts der Tatsache, dass Frauen bis heute (ungerecht, aber eben Fakt) als Mütter, Kindergärtnerinnen und Lehrerinnen einen Großteil der Erziehungsarbeit leisten müssen, die Frage, wer die unschuldig zur Welt

---

[*] *http://www.zeit.de/2013/24/genderforschung-kulturelle-unterschiede*

„Eine Person,
ein Wort –
eine Person,
ein Wörterbuch."

Aufgepasst im Straßenverkehr!

Eine Gruppe von Studentinnen der ersten reinen Frauen-
universität Deutschlands in Bocholt hat im Rahmen ihrer Maestra-Arbeit die Schilder analysiert, die an bun-
desdeutschen Autobahnen stehen und die männliche
Autofahrer zu vorsichtigerem und weniger gewaltför-
migem Fahren anhalten sollen.

Die Wissenschaftlerinnen analysierten die offene und versteckte Frauenfeindlichkeit der Plakatserie. Eine Mehrheit der Studiengruppe kam zu dem Schluss, dass die rein männliche Form „Einer ..." hier nicht sexistisch sei, weil es nun einmal die weißen, heterosexuellen Cis-Männer seien, die Menschen (vor allem Frauen und Mädchen) im Straßenverkehr ermorden. Eine Minderheit stimmte dieser Analyse zwar zu, verurteilte aber den aggressiven Einsatz des unbestimmten männlichen Artikels „Einer" trotzdem als sexistisch, potenziell triggernd und somit lebensgefährlich für autofahrende Frauen.

Außerdem konnten die Absolventinnen der Agentur einen klaren Fehler nachweisen: Auf einem der drei Plakate steht zwar korrekterweise „Einer ist abgelenkt, vier sterben" – aber das Foto zeigt am Steuer eine Frau. Dies wurde als aggressive versteckte Schuldzuweisung an Frauen kritisiert. Gerade weil es im Prinzip wünschenswert sei, auch autofahrende Frauen sichtbar zu machen, sei die heimtückische Erfüllung dieser Forderung ausgerechnet im Zusammenhang mit Verkehrsunfällen „objektiv frauenfeindlich".

Den Angehörigen der 80-köpfigen Arbeitsgruppe überreichte die Dekanin der Universität für die hier dargestellten Ergebnisse ihrer vierjährigen Arbeit feierlich ihre Maestra-Urkunden sowie die Ehrenpromotion.

gekommenen Jungs eigentlich zu solchen Machos erzogen hat. Allgemeiner gesagt: Wenn alles Erziehung wäre, müssten die Frauen sich verschärft fragen lassen, warum sie die ungeheure Gestaltungsmacht, die sie dann über Kinder hätten, eigentlich nicht seit jeher im Sinne größerer Gleichberechtigung nutzen.

Der Satz „Frauen sind benachteiligt" ist unbestreitbar. (Auch wenn man fragen kann, ob alle Frauen immer und überall benachteiligt sind.) Wenn man aber sagt: „Frauen *werden* benachteiligt", muss man dazufragen: Von wem? Nur von Männern? Kann man über Sexismus sprechen und vom weiblichen Beitrag dazu schweigen?

Die verächtlichen Blicke und Sprüche, die normalgewichtige Mädchen und Frauen beim Kleiderkauf, auf dem Schulhof, im Büro, im Schwimmbad etc. ertragen müssen, kommen – zumindest in den aufgeklärten Bevölkerungsschichten – unserer Wahrnehmung nach deutlich häufiger von Frauen als von Männern. Textilverkäuferinnen, Werberinnen, Designerinnen, Redakteurinnen, Kolleginnen, Mitschülerinnen, Lehrerinnen, Kommilitoninnen, Konsumentinnen von Supermodel-Shows usw. – sie alle praktizieren tagtäglich den Schlankheitsterror gegen ihre Geschlechtsgenossinnen. Und die Ober-Terroristin des Model-Wahns, Heidi Klum, ist unseres Wissens ebenfalls eine Frau. Mädchen und Frauen sind hier Opfer und Täter zugleich – nicht selten sogar in schizophrener Personalunion. Es sind auch keineswegs nur Männer, die sich zu Angela Merkels Figur, Kleidung und Frisur äußern. Und es waren Frauen und keine Männer, die die Bücher der Schriftstellerin Hera Lind öffentlich verbrannten, nachdem diese ihre Familie verlassen hatte.

**PERSONEN-
PARKPLÄTZE**

nur für Personen

Wer schaut sich die „romantischen Komödien" und die Fernsehserien eigentlich so gern an, in denen traditionelle Frauenbilder transportiert werden und Frauen nur über Mode und ihre Männer sprechen? Welcher Mann steckt dahinter, dass die – von einigen Popstars abgesehen – erfolgreichsten YouTuberinnen sich überwiegend mit Schminktipps, Mode und Schuhen befassen? Die übliche Erklärung, eine männlich dominierte Chefredaktion habe das so entschieden, funktioniert ja beim basisdemokratischen Medium YouTube nicht mehr. Und wer schaut sich diese Videos an?

Hier gibt es eine ordentliche Portion Heuchelei im Feminismus. Die Benachteiligung von Frauen wird klar benannt, und wenn Männer dafür verantwortlich sind, wird auch das klar gesagt. Aber wenn es nicht nur Männer sind, wird es schnell wolkig. Dann ist es „die Gesellschaft". Oder „traditionelle Strukturen". Oder „die Unternehmen".

Wenn Frauen in deren Spitzengremien besser vertreten wären, so lautet beispielsweise eine häufig gehörte These, wäre die Vereinbarkeit von Beruf und Familie leichter durchsetzbar. Abgesehen davon, dass die Auffassung, Familienfreundlichkeit und -politik seien Frauensache, uns recht altmodisch vorkommt: Der Graben verläuft eher zwischen Eltern und Nichteltern und nicht zwischen den Geschlechtern. Es sind ja keineswegs nur die Männer, die gerne genervt die Augen verdrehen, wenn es beispielsweise um elternfreundliche Terminplanung in Unternehmen geht – auch die kinderlosen Frauen verhalten sich oft so. Und umgekehrt wünschen sich auch berufstätige Väter mehr Zeit für die Familie – nicht nur Mütter. In einem Berliner Unternehmen beriet kürzlich ein (ausschließlich weiblich besetzter) Ausschuss von Mitarbeitern über mög-

(Frei nach Kurt Tucholsky)

liche Verbesserungen für die Arbeitnehmer. Nach der Beratung mit der Personalchefin, dem Betriebsrat (überwiegend weiblich) und der Geschäftsführung (eine Frau, ein Mann) wurden die Ergebnisse in der Firma vorgestellt. Erst da fiel auf, dass das Thema Familienfreundlichkeit komplett vergessen worden war. Weil fast keine der bis dahin Beteiligten Kinder hatte. Und wem fiel es auf? Einem männlichen Abteilungsleiter, der selbst Vater ist und viele Mütter in seiner Abteilung hat.

Mit dem Mann-Frau-Schema kommt man hier nicht weiter. Denn Familienfreundlichkeit ist weder das alleinige Bedürfnis noch die alleinige Aufgabe von Müttern.

An der Heuchelei üben übrigens auch Frauen Kritik – neben den Autorinnen der „Tussikratie" zum Beispiel auch die Journalistin Birgit Kelle:

Wieso ist es in Ordnung, dass Frau ihr Aussehen strategisch einsetzt, aber nicht in Ordnung, dass Mann darauf reagiert? Wir dürfen also alles tun, um uns gut in Szene zu setzen, es soll uns aber bloß keiner drauf ansprechen? Wie viele Frauen warten nur darauf, dass ein Mann reagiert? Wenn aber der Falsche auf die Signale anspringt, dann ist er Sexist. Nein Ladies, so geht es auch nicht.

Wenn eine Heidi Klum fröhlich erzählt, das Erste, was ihr an ihrem Ex Seal auffiel, sei das große Gemächt in der engen Radlerhose gewesen, dann ist das unser Heidi, ach nein wie süß. Der gleiche Spruch von einem Mann über den Busen seiner Frau wäre Sexismus. Er könnte einpacken. Wir messen mit zweierlei Maß.

Ich möchte nicht Mann sein in einer Welt, in der man überlegen muss, ob man noch mit einer Kollegin Kaffee trinken kann. Und vor allem möchte ich als Frau nicht in einer Welt leben, in der ich als armseliges Opfer betrachtet werde und

® 465.376 ME

PERSONFRED
PERSON HA! HA! SAID THE CLOWN

FEELING SO GOOD • **EACH AND EVERY DAY** • **ALL I WANT TO DO**

fontana

Männer vor lauter Angst, etwas Falsches zu sagen, lieber gar nichts mehr sagen.[*]

Interessanterweise ging die politisch korrekte Kritik an Birgit Kelle nicht auf ihre Argumente ein, sondern monierte lediglich ihre „Nähe zu christlichen Gruppen". Zu deutsch: Mit den Thesen einer Reaktionären müsse frau sich inhaltlich nicht auseinandersetzen.

Mit der Behauptung, es seien immer nur die Männer und die von ihnen geschaffenen Strukturen schuld, wird auch gerne die Tatsache überspielt, dass Frauen sich keineswegs einig darüber sind, wo Sexismus beginnt. Wenn die Moderatorin Sonja Kraus fröhlich verkündet: „Meine Brüste sind ein Evolutionsvorteil. Brüste sind toll. Sie verschaffen echte Vorteile, können Türen quasi öffnen", ist die Unsicherheit bei Feministinnen greifbar. Kann eine Frau eine Frauenhasserin sein? Oder ist Sonja Kraus ein Opfer männlicher Denkstrukturen? Oder wie jetzt?

Und folgt aus der Benachteiligung, dass Frauen in Watte gepackt werden müssen? Zum Beispiel, indem angeblich männliche Adjektive wie *durchsetzungsstark* oder *verhandlungssicher* aus Stellenanzeigen verschwinden, damit Frauen nicht verschreckt werden?[**] Nicht alle Frauen teilen vermutlich das Bild, sie könnten sich nicht durchsetzen und besäßen kein Verhandlungsgeschick.

Das Messen mit zweierlei Maß kam sehr schön zum Ausdruck, als die – von einer Frau geführte – Hamburger Wissenschaftsbehörde die Vorgabe einer geschlechtsneu-

(Fortsetzung auf Seite 130)

[*] *http://www.theeuropean.de/birgit-kelle/5805-bruederle-debatte-und-sexismus*
[**] *http://www.spiegel.de/karriere/berufsstart/maennliche-formulierung-einer-stellenanzeige-schreckt-bewerberinnen-ab-a-962423.html*

„Bei uns ist die einkaufende Person Herrschperson."

Nichthänder verklagt Uni Göttingen

Magnus P. (28) hat zwei gesunde Hände, nennt sich aber „Nichthänder". Jetzt hat er seine Universität verklagt.

Göttingen, im Juni 2023. Magnus P. zittert. Die Erregung ist ihm deutlich anzumerken. „Ich lehne es ab, mich weiterhin in das zweihändrige Schema pressen zu lassen! Mir hat es einfach gereicht! Ich bin nun mal weder Rechts- noch Linkshänder!"

Sein Zorn richtet sich gegen die Universität Göttingen, die ihre Gebäude in den vergangenen Jahren mit Millionenaufwand so umgerüstet hatte, dass Linkshänder nicht mehr benachteiligt werden gegenüber Rechtshändern. Alle Türen wurden mit einer zweiten, für Linkshänder bequem zu greifenden Klinke ausgestattet. Jeder Raum erhielt einen zweiten Lichtschalter links von der Tür. Und in der Mensa sind die Tische seither eingedeckt wie im Restaurant – nur mit doppeltem Besteck: rechts und links vom Teller je ein Messer und eine Gabel; dazu zweihenklige Tassen. Das Lehrpersonal war angewiesen worden, den diskriminierenden „Rechtshandschlag" zu unterlassen und den Studenten beim Grüßen künftig stets überkreuz beide Hände zum Handschlag entgegenzustrecken. Deshalb mussten in sämtlichen Universitätsfluren Möbel zum Ablegen von Taschen etc. aufgestellt werden. Kosten allein hierfür: 4,3 Mio. Euro. Stolz hatte die Universität die Umrüstung noch im April der Öffentlichkeit vorgestellt.

„Es war dieser selbstgefällige Feiertag, der bei mir das Fass endgültig hat überlaufen lassen." sagt Magnus P. „Ich benutze beide Hände abwechselnd und gleichberechtigt. Aber mich gibt es gar nicht in den Planungen der Uni-Bonzen. Ich soll einfach ausgelöscht werden."

In der Uni-Verwaltung reagiert man erschrocken auf die Kritik. Insbesondere das „Referat für Gleichstellung, -setzung und -legung" ist aufgeschreckt. „Das ist wirklich schlimm, dass wir so borniert waren und die direktionale Fixierung auf ‚rechts' und ‚links' einfach so mitgemacht haben, die unsere Gesellschaft beherrscht und Menschen für den kapitalistischen Produktionsprozess und den kreuzungsfixierten, gewaltförmigen Straßenverkehr zurichten soll" sagt eine Sprecherin sichtlich betroffen. „Aber wir haben bereits etwas erreicht, um den Fehler zu korrigieren. Das macht das Unrecht nicht ungeschehen, das Magnus widerfahren ist, aber es wird spätere Nichthänder unter unseren Studenten vor Diskriminierung schützen."

Tatsächlich hat der Universitätsrat in der letzten Woche beschlossen, die nächsten freiwerdenden Mittel zum erneuten, diesmal nichthändergerechten Umbau der Gebäude zu nutzen. Unter anderem werden alle Türen durch Drehtüren ersetzt, die sich in beide Richtungen drehen. Überall, wo sich bisher zwei Gänge kreuzen, werden Kreisverkehre eingerichtet. Und der Handschlag als Gruß wird abgeschafft. Stattdessen sollen sich alle Uni-Angehörigen mit ausgestrecktem Arm grüßen. Ob links oder rechts, ist ihnen freigestellt.

Magnus P. traut dem Frieden allerdings noch nicht – er verspricht jedenfalls, jetzt nicht die Hände in den Schoß legen zu wollen.

tralen Sprache im Hochschulgesetz der Stadt umsetzen wollte. Schwerer Tabubruch! Empörung! Die Sprecherin der *Landeskonferenz der Gleichstellungsbeauftragten* kritisierte, mit der geschlechtsneutralen Formulierung werde die Möglichkeit eingeräumt, dass Männer im Wissenschaftsbetrieb benachteiligt würden. „Aber nach wie vor haben es Frauen deutlich schwerer."

Das panische Bemühen darum, klarzustellen, dass mit „Gleichberechtigung" stets nur „Frauenförderung" gemeint sein könne, nahm durchaus komische Züge an:

„‚Die neue Gleichstellungsregelung kommt fortschrittlich daher', sagt die wissenschaftspolitische Sprecherin der Grünen Eva Gümbel, ‚aber es ist eine Frage der Bezugsgrößen.' Sie befürchtet sogar neue indirekte Benachteiligungen von Frauen. So gebe es an der Universität traditionell Fakultäten mit einem niedrigen Frauenanteil, etwa in den Naturwissenschaften, und andere, in denen traditionell mehr Frauen tätig seien. ‚Eine Frauenquote in diesen Bereichen bringt noch lange keine Gleichberechtigung', sagt die Wissenschaftsexpertin. ‚Aber in den Fakultäten mit höherem Frauenanteil greift dann die Männerquote.'" [*]

Das heißt, einmal wirkt die Quote und einmal nicht? Und warum überhaupt eine Quote, wenn sie keine Gleichberechtigung bewirkt? Und wenn Quoten doch nützen, soll es sie nur geben, wenn Frauen davon profitieren? Aber lassen wir das doch eine Facebook-Userin kommentieren:

100%ige Unterstützung von mir für eine Männerquote. Oder gar keine Quoten mehr – fände ich noch viel, viel besser. Auf jeden Fall gleiches Recht für alle. In den Berufen, die Frauen gefallen, gibt es heute schon einen Frauenanteil von 90 % (z.B. Tiermedizin, Psychologie). Man könnte allmählich auf den Gedanken kommen, dass es nur dort wenige Frauen

---

[*] *http://www.welt.de/regionales/hamburg/article121798119/Empoerung-uebergeplante-Maennerquote-an-Unis.html*

gibt, wo Frauen gar nicht hinwollen... denn wo es Frauen gefällt, gibt es sie reichlich (s.o.). Liebe Männer, werdet endlich
wach – in Deutschland werden Frauen beruflich nicht benachteiligt. Im Gegenteil. Und es geht mir unglaublich gegen den
Strich, dass es nach wie vor Frauen gibt, die uns als Opfer dar-
stellen.[*]

Dasselbe Einmal-Opfer-immer-Opfer-Dogma zeigte sich
auch in der Diskussion um das Gesetz für die bundesweite
Quote. Die vermeintliche Selbstverständlichkeit, dass die
Quote auch für Männer gelte, sofern sie in einem Betrieb in
der Minderheit seien oder sogar diskriminiert würden, rief
den Protest zahlreicher Gleichstellungsbeauftragter hervor.
Männer als Opfer? Das kann doch per se nicht sein! Opfer
können immer nur Frauen sein.[**]

Abgesehen davon, dass die Gleichstellungsbeauftragten hier ein bemerkenswert sexistisches Verständnis ihrer
Arbeit offenbaren: Wir fragen uns, wie viele Frauen sich
mit diesem exklusiven Opferstatus wirklich wohlfühlen, der hier für sie erkämpft werden soll. Gut ausgebildet,
wirtschaftlich unabhängig, mit jedem Grund zum Selbstbewusstsein ausgestattet – aber für immer nur Opfer? Die
Tore dieses unwürdigen Opferreservats stehen viel weiter
offen, als manche behaupten. Und viele Frauen spazieren
zum Glück längst fröhlich hindurch, anstatt sich weiter einreden zu lassen, sie hätten grundsätzlich keine Chance da
draußen in der feindseligen Männerwelt.

Um übrigens Missverständnisse zu vermeiden: Wir sind
uneingeschränkte Anhänger der Frauenquote. Vor allem,

---

[*] *https://www.facebook.com/alternativefuer.de/posts/541782415904176?com-
ment_id=3351168&offset=0&total_comments=5*
[**] *http://www.sueddeutsche.de/politik/gleichberechtigung-warnung-vor-der-
maennerquote-1.2160933*

Was ist das?

1\.

Elternperson-
landsverrat-
person

2\.

Person, die für
die Rechte von
Personen eintritt

Auflösung: 1. Vaterlandsverräter, 2. Eine Frauenrechtlerin

weil sie die Ausreden erschwert. Chefs wird es schwerer gemacht, geeignete Frauen zu „übersehen". Und Frauen können sich nicht mehr so leicht hinter der (meist falschen) Selbstwahrnehmung verstecken, sie seien doch gar nicht geeignet für diesen Führungsjob.

Dem Beharren auf dem exklusiven Opferstatus liegt oft die kaum hinterfragte Annahme zugrunde, dass Frauen generell benachteiligt und unterdrückt seien. Wir behaupten mal: Je stärker und allgemeiner in einer sozialen Gruppe die Benachteiligung von Frauen betont wird, desto weniger trifft dies tatsächlich auf die Frauen in dieser Gruppe zu. Und umso freidrehender ist manchmal der umgekehrte Sexismus. Bisweilen auch mit viel Humor. So enthält die Beitrittserklärung der Grünen Jugend nur noch zwei mögliche Geschlechtsangaben:

• weiblich
• nicht weiblich

Also: Sexismus ist durchaus vorhanden. Aber wo bleibt der Sex? Offenbar zunehmend auf der Strecke. Paartherapeuten haben mittlerweile das Gefühl, dass den gleichberechtigten und -gestellten Partnern in korrekt geführten Beziehungen die Erotik abhandenkommt.[*]

Nun könnte man sagen, dass das in den besten Familien vorkommt und man sich dann eben durch Anregungen von außen wieder Pep in die Ehe holen muss. Aber das wird auch immer schwieriger. Das Flirten stirbt allmählich aus, was auch von Frauen beklagt wird. Wer hat noch Lust auf die spielerische Annäherung an eine Frau, wenn ein falsches Wort bereits einen Shitstorm oder eine Anzeige zur Folge haben kann? Zumal der Anti-Sexismus schnell hinüberlappt in

---

[*] *Nina Poelchau, „Gleich und gleich ...." in: stern vom 14.8.2014*

Hotel California 2025

Seit 2014 galt an kalifornischen Colleges die Regel, dass
beide Partner ausdrücklich „Ja" sagen müssen, damit man
von einvernehmlichem Sex ausgehen könne. Diese Regeln
haben sich als nicht ausreichend erwiesen. Deshalb hier
die neuen Regeln für Sex an Colleges ab 1.1.2025:

Einvernehmlicher Sex muss der Uni-Leitung
zwei Tage im Voraus gemeldet werden.

Zu Beginn findet ein polizeilicher Alkohol-
und Drogentest statt. Spuren von bewusst-
seinsverändernden Substanzen führen zum
sofortigen Abbruch der Veranstaltung.

Je zwei nicht mit den Partnern verwandte
oder verschwägerte Zeugen sowie ein Notar
müssen bestätigen, dass beide Partner sowie
deren Mütter schriftlich ihr Einverständnis
mit jedem Eskalationsschritt (Flirten, Küssen,
Petting, Ausziehen, Oralverkehr) gegeben
haben.

Genitalverkehr wird generell verboten.

Vor jedem Raum, in dem einvernehmlicher Sex
stattfindet, werden je ein Polizist, eine Po-
lizistin und eine geschlechtlich nicht festgelegte Polizeiperson postiert.

Die Videoaufnahmen der Interaktion werden
für 10 Jahre in einer speziell gesicherten
Polizei-Cloud aufbewahrt.

Prüderie; die Erwähnung des Umstands, dass Menschen sexuelle Wesen sind, gilt schon als unangemessen oder über-
griffig. Und ein Denkmal für Robert Gernhardts onanieren-
den Kragenbär löst bereits schwere Migräneanfälle aus.[*]

---

[*] http://www.ndr.de/nachrichten/niedersachsen/braunschweig_harz_goettin-
gen/Ein-onanierender-Kragenbaer-fuer-Goettingen,kragenbaer102.html

Von wem stammen diese Bücher?

Bestseller

Emil/ia und die nachforschenden Personen

Ronja Nachkomme von Personen,
die Vermögensdelikte begehen

Die vertikal benachteiligte Muckperson

Lösung auf Seite 185

Prof. Obelix

Über Lann Hornscheidt zu schreiben ist aus zweierlei Gründen schwierig: Zum einen bietet unsere Sprache tatsächlich keine grammatikalisch korrekte und respektvoll klingende Möglichkeit, eine Person zu benennen, die nicht in das Schema von männlich und weiblich eingefügt werden möchte.[*] Von einem Menschen als „Es" zu sprechen, wie es beispielsweise der irre Entführer im *Schweigen der Lämmer* gegenüber seinen Opfern tut („Es muss sich mit der Lotion einreiben"), widerstrebt uns, weil es für unser Sprachgefühl aus einer Person eine Sache macht. Die einzige Möglichkeit ist, *immer* den Namen zu nennen, also auf Personalpronomen wie „sie" oder „er" und auch auf Possessivpronomen wie „ihre" oder „seine" gänzlich zu verzichten. Das ist im Falle eines zweisilbigen Namens wie Hornscheidt zwar, wie man auf den folgenden Seiten sehen wird, sperrig und unelegant, aber immerhin noch machbar. Spätestens jedoch, wenn jemand Aquinnah Kathleen Bartczelczsewsicz-Tritsamarad heißt, wird jeder Text über diese Person unlesbar, unschreibbar und unaussprechlich.

Zum anderen ist Lann Hornscheidt für Vorschläge zur Sprachveränderung und für die Bitte, in einer bestimmten Art angesprochen zu werden, in einer Weise attackiert worden, die einen nur entsetzen kann. Lann Hornscheidt wurde als Person respektlos und beleidigend behandelt, weil offenbar erschreckend viele Menschen nicht damit klarkommen oder nicht akzeptieren wollen, dass Hornscheidt sich weder als Frau noch als Mann fühlt. Kommentare weit unter der Gürtellinie sowie groteske Gewaltphantasien machten Hornscheidts vermutete sexuelle Orientierung und Horn-

---

[*] *Die Verwendung des grammatisch (!) weiblichen Worts „Person" und des grammatisch (!) männlichen Worts „Mensch" gestatten wir uns allerdings.*

BAT PERSON

CATPERSON

SUPERPERSON

scheidts Aussehen zum Thema. Diese diffamierende Häme machen wir uns selbstverständlich nicht zu eigen; wir finden sie vielmehr abstoßend.

Soll man jetzt, weil Hornscheidt in dieser inakzeptablen Weise attackiert wurde, auf Kritik an Hornscheidts Vorschlägen und Thesen verzichten, also an der Forderung, statt „Student" und „Studentin" künftig „Studierx" zu sagen und zu schreiben? Wir meinen: Nein. Denn die in Hornscheidts Arbeitsgruppe an der Berliner Humboldt-Uni entwickelten „Vorschläge" gehen über den persönlichen Bereich hinaus. Sie entfalten Wirkungsmacht. Wenn nämlich die Vorstellung einmal in der Welt ist, bei einer bestimmten Ausdrucksweise handele es sich um Sexismus und Diskriminierung, dann ist es nicht mehr weit bis zum Versuch, eine neue Norm für alle zu setzen. Wie sähe das sonst auch aus: „Humboldt-Uni duldet Sexismus"?

Und zumindest bevor der üble Hass über Hornscheidt zusammenschlug, vertrat Hornscheidt durchaus mehr als nur die Bitte, persönlich nicht auf eine bestimmte Weise angesprochen zu werden. Deshalb sagen wir unsere Meinung zu Lann Hornscheidts Thesen – beziehen uns aber ausdrücklich nicht auf die Privatperson Hornscheidt, die selbstverständlich Anspruch auf denselben Respekt hat wie jeder andere Mensch. Aber ein Mitglied der Professorenschaft der Humboldt-Universität ist eben auch eine öffentliche Person. Kritik an Hornscheidts veröffentlichten Positionen und Äußerungen muss möglich sein.

Die aus unserer Sicht wichtigste Frage ist, ob Hornscheidt Anspruch darauf erheben kann, dass eine Grammatik und eine Umgangssprache, die für 99% der Fälle stimmig sind, verändert werden, weil sie für das restliche Prozent nicht

Textaufgabe:

Setze die fehlenden Wörter ein.
Verzichte dabei auf zweigendernde Begriffe.

Beispiel:

_____ (Schülx) hat_____ ~~(die)~~
Hausaufgaben gemacht.

Aufgabe 1:

Morgen kommt _____, kommt mit
_____ Gaben.

Aufgabe 2:

Die wichtigsten Figuren beim Schach sind
_____ und _____.

Aufgabe 3:

_____ erhob sich wie _____
aus der Asche.

hinhauen. Wohlgemerkt: Es geht nicht um die Tatsache, dass es Menschen gibt, die sich weder als Frau noch als Mann fühlen. Das anzuerkennen sollte selbstverständlich sein. Es geht nur um die Frage, ob die allgemeine Sprache das richtige Instrument ist, um diese Anerkennung durchzusetzen. Wird hier nicht der Sprache und der Grammatik eine zu große Last aufgebürdet, weil wieder mal das grammatische mit dem natürlichen Geschlecht in einen Topf geworfen wird? Wäre die These wahr, dass unsere vermeintlich „männliche" Grammatik gesellschaftliche Verhältnisse zementiere, wären Frauen auf dem Wege der Gleichberechtigung nicht annähernd so weit vorangekommen, wie sie es zum Glück bereits getan haben.

Und die nächste Frage lautet: Verabschiedet sich ein Mensch wie Lann Hornscheidt durch das Beharren auf einer „nicht-zweigendernden" Ansprache nicht eher aus der Sprachgemeinschaft und damit aus der Gesellschaft, als sich in seiner Individualität sichtbar zu machen? Die Sinnhaftigkeit der Unternehmung kann gerade wegen einer Tatsache in Frage gestellt werden, die Lann Hornscheidt im Mai 2014 gegenüber dem *Tagesspiegel* selbst benannt hat: **„,Frau sein' und ,Mann sein' oder ,Frauen' und ,Männer' sind eine extrem starke soziale Wirklichkeit."**

Zum Dritten ist zu fragen: Haben wir es hier nicht mit einer vollkommen übersteigerten Empfindlichkeit zu tun? Lann Hornscheidt berichtete im April 2014 gegenüber *Spiegel online:*

„In meine Sprechstunde kommen zum Beispiel Studierx, die nicht mehr in Lehrveranstaltungen gehen, weil sie immer als Herr oder Frau Sowieso angesprochen werden und sich diskriminiert fühlen."

Disneys

KÖNx LÖWx

DAS MUSICAL IM HAMBURGER HAFEN

Das ist in der Tat erschütternd. Aber nicht wegen der „Diskriminierung" von Studenten durch höfliche Professoren, die sich immerhin die Mühe machen, die „Damen und Herren" zu begrüßen. Sondern weil die Studentx diese Begrüßung, die einfach nur „alle Anwesenden" meint, darauf abklopfen, ob sie sie ausschließt. Und dann zu Hornscheidt rennen und sich ausheulen. Ist das wirklich die größte Sorge von Studenten? Und wäre es nicht für jedes Individuum, das es darauf anlegt, mühelos möglich, sich jeden Tag zigmal ausgeschlossen zu fühlen? Weil es nicht ausdrücklich mitgenannt oder keine so abstrakte Formulierung gewählt wird, dass alle sich gemeint fühlen dürfen (aber niemand sich mehr im empathischen Sinne angesprochen fühlen wird)?

Und eine weitere Frage lautet: Wie stark darf oder soll ein Mitglied der Professorenschaft einer der größten deutschen Universitäten die persönliche Betroffenheit und Wut über das „Zweigendern" vermengen mit der wissenschaftlichen Arbeit? Diese Frage stellt sich zum Beispiel, wenn man einen als „Glosse" deklarierten Text von Lann Hornscheidt zur Brustamputation („top-surgery") von Angelina Jolie aus dem Mai 2013 liest, den Lann Hornscheidt auf der Homepage von Lann Hornscheidt veröffentlich hat.[*]

Auf den folgenden Seiten haben wir einige Originalzitate daraus zusammengestellt. Für Sprachsensible: Explizite Triggerwarnung!

---

[*] http://www.lannhornscheidt.com/2013/05/16/angelina-jolie/

Übersetze folgenden Satz
in genderneutrale Sprache:

Herr Doktor,
Herr Doktor,
kommen Sie schnell,
meine Frau
hat Herpes!

Lösung S. 185

angelina jolie hat sich vorsorglich die brüste amputieren – äh – rekonstruieren lassen

das weiße westliche heterasexualisierte frauenbild – der weiße blick auf angelina jolie – hat
sich nicht verändert – und das zeigt die ganze
medienfokussierung auf das thema doch auch noch
mal: frauen, heterosexuailisiert als begehrens-
wert einzulesene frauen, sind vor allem – brüste.
aber was ist das problem, wenn brüste doch künst-
lich herstellbar sind und hergestellt sind – wie
es millionen von frauen mit brustvergrößerungen
ohne jede gen-statistik-krebs-todes-diagnose kon-
tinuierlich machen (und angelina jolie vielleicht
ja auch schon gemacht hatte – oder zumindest ein
lifting), haben sie das geld oder auch nicht,
auf jeden fall den druck einer heteranormativen
frauen zurichtenden gesellschaft, dies als einzige möglichkeit einer männlichen anerkennung,
eines sexjobs, eines ‚gefühls' attraktiv, begeh-
renswert zu sein, verinnerlichte diskriminierung.

Der ganze Artikel liest sich – auch dank der Kleinschrei-
bung, die aus einem ohnehin schon sperrigen Text einen
noch sperrigeren macht – wie eine Mischung aus einem
RAF-Manifest der 70er und einer dieser Wahnschriften, die
manchmal bei Zeitungen und Verlagen eintreffen und die

man wohlweislich nicht beantwortet. Offenbar geht es um
Hornscheidts persönliche Enttäuschung über den Verrat von
Angelina Jolie, die einfach nur Brustkrebsprophylaxe betrie-
ben hat, anstatt sich der Hornscheidt-Sekte der „trans_x_en-
den" anzuschließen. Wir würde Angelina Jolie sich fühlen,
müsste sie diesen Text lesen und verstehen?

und wie liest sich das aus einer trans_x_en-
den perspektive? mein erster impuls war: cool,
angelina kommt raus als trans, sehr geschickt,
toller move. bis ich das mit den brustrekonst-
ruktionen gelesen habe. brüste abnehmen geht nur
unter statistisch mindestens 80%er todesdrohung
plus kinds- und familienverantwortung. brüste
abnehmen ist ein sakrileg, eine sensation, eine
extremopferung (für kind und familie) eigener au-
tentizität von personen, die in der gesellschaft
als frauen hergestellt wurden und werden, immer
wieder. top-surgery kann ein wichtiger, schwieriger, schmerzhafter, teurer und überlebensnot-
wendiger und cooler schritt zu mehr körpersein
körperanwesenheit sein von trans_x_enden personen. wie hoch ist die lebenserwartung in westlicher medizinsicht von personen, die trans_x_end
leben wollen und dies aus finanziellen gründen
und anderen gründen, wie aufwändige begutach-
tungsverfahren vor einer op, aus gründen, dass
sie nicht die ‚richtige' staatsangehörigkeit oder

überhaupt keinen pass haben, nicht können? die
nicht das geld, nicht den richtigen pass, nicht
das supportende umfeld haben. angelino, äh, angelina, wie cool wäre es gewesen du hättest es
einfach belassen bei der top surgery und fer-
tig. wie cool wäre das gewesen – für frauen, für
trans, und auch für eine endlich-infragestellung
der krassen typen-hetenblicke und –normen, die
dadurch mal nachhaltig irritiert worden wären!

Hornscheidt blendet übrigens mal kurz aus, dass auch
Frauen Brüste schön finden. Für viele Lesben dürfte es interessant sein, von Wissenschaftx einen „krassen typen-he-
tenblick" bescheinigt zu bekommen. Aber ab hier driftet der
Text dann sowieso zielstrebig ins komplette Nirwana ab:

warum wird hier so ein hype gemacht um eine
prophylaktische westliche medizin und in anderen
möglichen fällen von prophylaktischer todesver-
hinderung (in reichen westlichen kontexten) – kein
rauchen, kein alkohol, kein fleisch, viel bewegung
(und selbst das wird in einem der vielzähligen artikel zum thema alles genannt, um brustkrebsrisiko
zu vermindern) – wieviele krankheiten wären so
vorbeugbar – kein autofahren, keine schönheitsops,
keine langstreckenflüge, überhaupt keine flüge –
was alles wäre doch eigentlich machbar veränder-
bar? und ist keine sensationsnachrichten wert.

Und hier fragen wir uns schon auch als Steuerzahler: Würde jemand, der solche Texte veröffentlicht und nicht durch ein politisch korrektes Tabuthema wie Gender geschützt ist, Professor an einer Universität werden und bleiben können?

„Bitte vermeiden Sie alle zweigendernden Ansprachen wie „Herr __", „Frau ___", „Lieber __", „Liebe____ " *

---

* https://www.gender.hu-berlin.de/zentrum/personen/ma/1682130/

PR-Agentur aus Leipzig

Von Marius Jung

Zu Köln am Rhein lebte einst ein Mohr. Er war aber ein Schreiber und hatte eben einen Schwank verfertigt und als Buch herausgebracht: *Singen können die alle! Handbuch für Negerfreunde*. Nicht weniger als 6tausend von denen Bücherhändlern wurde das heitere Werk offeriert. Doch es waren derer lediglich einige Handvoll, die es auch feilbieten wollten.

So märchenhaft es mir schien und so stolz ich war, mein erstes Buch, einen satirischen Ratgeber, in Händen zu halten – so frustrierend war es, dass mir mein provozierender Untertitel auf die Füße zu fallen schien. Nicht dass die Umsätze darunter gelitten hätten – es gab ja keine. Aber der Großteil der von Carlsen besuchten Buchhändler lehnte den Verkauf des Buchs rundweg ab.

Die meisten begründeten es mit dem bösen N-Wort auf dem Cover. Ich lehne mich mal aus dem Fenster und behaupte, dass der größte Teil dieser Buchhändler Thilo Sarrazins Buch „Deutschland schafft sich ab" im Laden stehen hatten. Sarrazin bedient sich eben durchgehend einer politisch korrekten Sprache. Gut, sein Buch ist durch und durch rassistisch. Aber ein bisschen Schwund ist schließlich immer.

Tatsächlich dachte ich kurz, dass mein Buch nun sang- und klanglos auf dem großen Friedhof der ungelesenen Bücher verschwinden werde. Aber einige Journalisten wurden doch neugierig, wer das denn sei, der sich traute, das unkorrekte N-Wort auf sein Buch zu setzen.

Es hörte aber ein Bänkelsänger am Hoff des Königs der WELT von dem Schwank. Er suchte den Mohren auf und be-

fragte ihn und erzählte danach seinen Gefährten davon. Und es kamen mehr Herolde und Bänkelsänger und sangen landauf, landab das Lied des schreibenden Mohren. Wie von Zauberhand ward von seinem Schwanke nun in fast allen Winkeln des Landes gesungen. Nur weit im Osten, hinter den Bergen, ward das Lied des Mohren noch nicht vernommen. Man kannte hier keine Mohren und fürchtete sie auch. Allerdings gab es auch einige tapfere Zwerge, die im Bergwerk des Wissens schafften und emsig bemüht waren, das Licht des Guten auch im fernen Osten zu entzünden und dem Bösen zu wehren. Sie waren rechtschaffene kleine Leute, wenn auch nicht die Klügsten unter der Sonne.

Das *Referat für Gleichstellung & Lebensweisenpolitik des Student_innenRats der Universität Leipzig* hatte zum Jahreswechsel 2013/14 einen ironischen Preis mit dem superlustigen Namen „Der Preis ist heißßßß - oder auch nicht" ausgelobt, mit dem rassistische, sexistische oder sonstwie unkorrekte Werbung „ausgezeichnet" werden sollte. Jedermann und jedefrau konnten entsprechende Fundstücke einreichen. Und das Wunder geschah: Anonym sandte jemand das Cover meines Buchs ein. Und zack! hatte ich den Preis gewonnen. Ok, zusammen mit über 150 anderen. Aber immerhin – ein Preis! Eine Jury hatte mein Buch sorgfältig geprüft und für preiswürdig erachtet! Was für ein Triumph für einen frischgebackenen Autor!

Hurtig sandten die Zwerge das preisende Pergament an das Verlagshaus. Dort glaubte man zunächst an den Streich einer bösen Fee. Als die Gelehrten des Verlages aber das Schriftstück studierten, erkannten sie schnell, dass jegliche Spuren der Klugheit fehlten, wie sie Feen eigen ist. Waren es also doch dumme Hexen und Zwerge gewesen?

Na ja, Triumph? Der Preis, den ich bekam, galt meinem Rassismus. Meiner berüchtigten Negerfeindlichkeit. Meinem tiefen Selbsthass. Und die PreisrichterInnen hatten es so eilig gehabt, zum Inhalt des Buchs vorzudringen, dass sie den Titel und meinen Namen nur oberflächlich und falsch abschrieben: „Buch: ‚Singen können di alle' von Marcus Jung". Immerhin lud man mich aber zu einem als „Podiumsdiskussion" bezeichneten Tribunal ein, bei dem ich meine „Position und Werbemaßnahme" vertreten sollte. Schick. Leider meinten sie offenbar nicht die Positionen, die ich in meinem Buch vertrete. Hätten sie nämlich wenigstens mal die erste Seite des Buchs gelesen, hätten sie mich wohl kaum als Rassisten „ausgezeichnet".

Und nun beginnt der eigentlich märchenhafte und zugleich skurrile Teil dieser Geschichte. Denn selbstverständlich gingen der Verlag und ich davon aus, dass den Studenten da im Eifer des bürokratischen PC-Gefechts ein peinlicher Lapsus unterlaufen war: Nicht richtig hingeschaut und voll in die Blamage geschlittert. Man konnte sich allenfalls fragen, was den Ausschlag gegeben hatte: Die Unfähigkeit von Politisch Korrekten, Satire zu erkennen, oder die Unfähigkeit von Studenten, Buchstaben zu erkennen.

Hurtig verbreiteten die Boten des Mohren und seines Verlags die Kunde von den dummen Hexen und Zwergen übers ganze Land. Und bald schallte es fröhlich:

„SPIEGEL-Bestseller, SPIEGEL-Bestseller an der Wand, welche Bücher verkaufen sich am besten im ganzen Land? Ist Marius Jung dir wohl bekannt?"

Und der SPIEGEL antwortete: „Herr Jung, Ihr seid nun ein Bestsellerautor hier, den Student_innen aus Leipzig könnt danken Ihr."

Student_innenRat
der Universität Leipzig
Referat für Gleichstellung
und Lebensweisenpolitik

Carlsen Verlag GmbH
50 03 80
22703 Hamburg

Student_innenRat der Universität Leipzig
Referat für Gleichstellung und
Lebensweisenpolitik

Kerstin Schmitt

Universitätsstraße 1
04109 Leipzig

Tel: 0341/97 37–850
Fax: 0341/97 37–859

Kerstin.Schmitt@stura.uni-leipzig.de
www.stura.uni-leipzig.de

Leipzig, den 8. April 2014

Nominierung ihrer Werbung für die Veranstaltung „Der Preis ist heißßßß* - oder auch nicht!" und Einladung zum Podiumsgespräch zur Langen Nacht der Wissenschaft am 27.6.2014

Sehr geehrte Menschen,

ihre Werbemaßnahme hat für Aufsehen gesorgt. Sie wurden als Teilnehmer_in bei der Veranstaltung „Der Preis ist heißßßß* - oder auch nicht!" nominiert.

UND: Sie haben gewonnen!

Die Aktion „Der Preis ist heißßßß* oder auch nicht!", initiiert zu Beginn des neuen Jahres vom Referat für Gleichstellung und Lebensweisenpolitik (RGL) des Student_innenRates der Universität Leipzig, zeigte sich als extrem umstritten und verweist auf einen großen Diskussionsbedarf zum Thema Sexismus (v.a. in der Werbung). Ziel des Projektes war es, eine Plattform zur Sammlung von sexistischen und weiteren diskriminierenden Publikationen, vor allem Werbeanzeigen, zu bieten.

Hierbei sollte im Sinne und Aufgabenbereich des Referates für Gleichstellung und Lebensweisenpolitik gezielt die Sichtbarmachung und das Empowerment von marginalisierten Meinungen und Empfindungen gefördert werden, welche im Vergleich zur vorherrschenden, patriarchal geprägten Mehrheitsgesellschaft oftmals ungehört bleiben oder gänzlich verdrängt werden.

Ihre Werbemaßnahme *Buch: „Sagen können die alle"* *von Marcus Jung* **wurde anonym eingereicht und gleichsam prämiert. Wir sind keinesfalls amüsiert darüber, Sie mit dieser Ehrung zu versehen, sehen es jedoch im Sinne der Aktion als notwendig an, Sie über den Unmut in Kenntnis zu setzen, den Ihre Werbung hervorgerufen hat.**

Wir möchten weder belehren noch vorschreiben, wie Sie ihre Werbung zu gestalten haben. Vielmehr möchten wir Ihnen folgende Anregungen, Erklärungen und Begründung für Ihren Gewinn mitteilen. Aufgrund der über 150 prämierten Einsendungen ist es uns nicht möglich, eine individuelle Erklärung einzufügen, so dass wir hier auf die eigenhändig angekreuzten Auswahlkriterien im Folgenden verweisen.

Der Mohr von Köln ward landauf, landab empfangen und eingeladen von den Weisen und den Ausrufern und es ward ein großes Gelächter im Reich.

Die Zwerge aus Leipzig hatten sich gegen ihren Willen in gute Feen verwandelt: Das Interesse an meinem Buch wuchs immer weiter. Und die Leipziger Lebens-Weisen sprangen jetzt über jedes Stöckchen, das man ihnen hinhielt. In unserer Pressemitteilung hatten wir scherzhaft moniert, dass sie zwar den Rassismus erkannt, aber den Sexismus auf dem Buchcover (vgl. S. 189) übersehen hätten. Prompt bestätigten sie, dass ich auch ein Sexist sei, weil ich die auf dem Cover abgebildete Person zum Objekt mache, genauer: „eine stereotype Darstellung eines nackten schwarzen Menschen, der durch eine rote Geschenkschleife objektiviert wird" zu sehen sei. (Sie meinten vermutlich „zum Objekt gemacht" und nicht „objektiv gemacht", aber naja. Studenten. Deutsch. Hatten wir schon.) Zufällig saß auf den Schultern dieses stereotypen nackten schwarzen Menschen mein Kopf. Egal. Sexismus. Gut, dass die Damen mich vor mir selber schützen. Sonst stünde ich wahrscheinlich oft nackt auf der Bühne, ohne zu merken, wie ich mich zum Objekt mache.

Ab hier wird es ärgerlich. Anstatt nämlich einfach zuzugeben, dass ihnen da ein peinlicher Fehler unterlaufen war, mit dem sie sich und die Leipziger Studentenschaft bundesweit bis auf die Knochen blamiert hatten, bemühten die Gleichstellerinnen sich, ihren Lapsus im Nachhinein zur Absicht zu erklären.[*]

Dabei zeigt das automatisierte Schreiben an die angeblich 150 „Gewinner" sehr deutlich, dass dort niemand

---

[*] *Stellungnahme vom 18.6.2014 http://stura.uni-leipzig.de/aktion-der-preis-ist-heiss-oder-auch-nicht*

wusste, was er bzw. sie tat. Es strahlt eine Mischung aus Behördenhaftigkeit und Lustlosigkeit aus – von den Lese- und Schreibfehlern über den Verzicht auf eine individuelle Erklärung wegen der vielen Gewinner bis zum Ankreuzen der trennscharfen Kategorie „Darstellung von rassistischen, homo-, trans*- und inter*feindlichen Inhalten sowie die Reproduktion von Heterosexualität als einzig ‚wahre‘ und dominante Lebensweise" auf der Rückseite.

Ganz offensichtlich hat bei der Erledigung dieses Verwaltungsvorgangs niemand auch nur eine Sekunde lang im Bewusstsein gehabt, dass es hier nicht um ein Plakat für Kartoffelchips ging, sondern um das satirische Buch eines Schwarzen, der sich zum einen mit Rassismus auseinandersetzt – und zum anderen mit seinen selbsternannten Beschützern, die Schwarze nur als Opfer akzeptieren können. Also solchen Leuten wie den Preisverleihern.

Hätten die RGL-Leute tatsächlich gewusst, worum es geht, wäre dieses Schreiben niemals so rausgegangen. Und wenn doch, müsste man umgehend überprüfen, wie diese Leute ihre angebliche Hochschulreife nachgewiesen haben.

Zudem versuchte man nachträglich, mich von der Kritik auszunehmen und diese auf den Verlag zu beschränken – was glaubhafter gewesen wäre, wenn in der Überschrift der Stellungnahme nicht stünde „Preisvergabe an Autor Marius Jung."

Vor allem aber ist im RGL offenbar niemandem aufgefallen, wie überheblich und herablassend der Versuch ist, Autor und Verlag säuberlich zu trennen. Dem liegt ja die Annahme zugrunde, ich hätte kein Mitspracherecht bei der Covergestaltung und der Titelgebung meines eigenen Buchs gehabt bzw. von diesem Mitspracherecht keinen Gebrauch gemacht. An einem Cover, das meinen Namen trägt und mein Gesicht zeigt, soll ich nicht mitgewirkt haben?!? Wie stellen sich die Leipziger Studentinnen diesen Kölner Mohren eigentlich vor? Wie eine der Schwarzen, die in den 30er-Jahren in amerikanischen Filmen dafür missbraucht wurden, mit piepsiger Stimme depperte Köchinnen zu verkörpern?

Mein absoluter Lieblingssatz in der Stellungnahme ist allerdings: „... dass wir nicht den Inhalt des Buches oder den Umgang des Autors mit seiner (Rassismus-)Erfahrung in Frage stellen oder kritisieren, geschweige denn beurteilen wollen."

Sie meinten also nicht den Inhalt des Buchs! Wen interessiert denn auch der Inhalt eines Buchs? Ich kaufe und beurteile Bücher auch nur nach dem Cover. Und nach der Farbgebung des Buchrückens. Soll ja schließlich gut aussehen im Regal.

Die ganze Geschichte macht wunderbar deutlich, wie zuverlässig der pawlowsche Reflex funktioniert. Mensch liest das böse N-Wort und sofort wird „Rassismus" gebrüllt. Eine inhaltliche Auseinandersetzung ist nicht notwendig. Zum anderen gehen hier mal wieder Weiße hin und glauben, Schwarze zu Opfern machen zu müssen. Um nicht zu erkennen, dass es sich bei meinem Buch und seinem Cover um Satire handelt und dass sowohl die Abbildung als auch der Haupt- und Untertitel diesem ironischen Kontext geschuldet sind, muss man sich entweder dumm stellen oder dumm sein. Ersteres tun die RGL-Leute; Zweiteres vermuten sie offenbar bei den „Opfern" dieses Buchs:

„Wir sahen die Problematik darin, dass jenes Titelbild in einer Alltagssituation – wie zum Beispiel beim Gang in einen Buchladen – Menschen, die evtl. nicht der weißen Mehrheits-

gesellschaft angehören, triggert und somit eine negative Lesart dieses Buchcovers möglich ist."

Schwarze könnten ja auch selbst entscheiden, ob sie sich von dem Cover getriggert fühlen. Aber das trauen die weißen Zwerginnen von Leipzig ihnen halt nicht zu. Und wenn schon die weißen Studentinnen keine Satire erkennen – wie sollen das erst dumme Neger schaffen?

Das fehlende Verständnis der LebensweisenpolitikerInnen für das Konzept „Satire" wurde endgültig klar bei der Aussage, Satire sei für sie kein Grund, Menschen zu diffamieren. Abgesehen davon, dass sie immer noch nicht begriffen hatten, dass ich mich allenfalls selbst – und dazu noch ironisch – „diffamiert" habe: Na klar muss Satire Menschen diffamieren! Das ist ihre Natur.

Und es funktioniert ja auch: Menschen werden vom satirischen Untertitel provoziert, lesen mein Buch und ihnen bleibt das Lachen ab und an im Halse stecken. Dank des satirischen Humors sind sie – wenn sie sich nicht politisch korrekt selbst im Wege stehen – offen für meine Botschaft und beginnen, über das Thema nachzudenken.

Bei allem Spott: Die Fairness gebietet es, dass ich mich abschließend in aller Form und aus tiefstem Herzen bei meiner unfreiwilligen Leipziger PR-Agentur für ihre hervorragende Arbeit bedanke. Bitte, liebe Zwerge und Feen: Äußert euch auch zu diesem Buch!

Sei gefälligst Opfer!

Mit dem Begriff „Helfersyndrom" muss man vorsichtig sein – damit versuchen sich gerne die Leute zu entlasten, die sich durch die Hilfsbereitschaft anderer gestresst fühlen. Wenn Politisch Korrekte allerdings mit dem Opferdetektor durch die Welt laufen und Schützlinge suchen, darf man das durchaus als Variante des Helfersyndroms beschreiben. Denn in den von ihnen Beschützten sehen die Politisch Korrekten leider eher Opfer als Menschen. Und volle Sympathie genießen die Hilfsbedürftigen auch nur, solange sie die Opferrolle nicht verlassen.

Gerne werden auch Menschen in Schutz genommen, die sich gar nicht diskriminiert fühlen. Die Politisch Korrekten sind sozusagen die Pfadfinder, die Omas auf die andere Straßenseite helfen, die da gar nicht hinwollen. Darin liegt die Unterstellung, dass die „Opfer" selbst zu blöd seien, sich zu wehren.

Der „positive Rassismus"[*] der Politisch Korrekten ist zwar nicht gewalttätig, grenzt aber ebenso aus wie die feindselige Variante. Er sagt: „Auch wenn du es selbst nicht merkst: Du wirst diskriminiert. Weil du fremd bist. Vergiss das nie!"

Überhaupt wird den Beschützten gerne erklärt, wie sie als Opfer sich angemessen zu verhalten hätten. Der in Berlin lebende englische Autor Adam Fletcher besuchte aus Neugier einen Integrationskurs für Einwanderer – und erfuhr gemeinsam mit den anderen Kursteilnehmern aus aller Herren Länder verblüfft, was den deutschen Dozenten offenbar am wichtigsten war:

---

[*] *Ein in sich absurder Begriff übrigens, der tatsächlich von manchen als die gute, weil beschützende Variante der Diskriminierung verwendet wird.*

„Als eines der ersten Dinge brachte man uns bei, dass es politisch nicht korrekt sei, solche wie uns *Ausländer* oder *Menschen mit Migrationshintergrund* zu nennen. Wir würden damit diskriminiert, erfuhren wir staunend. Es war den deutschen Dozenten sehr wichtig, uns vor uns selbst und unserem leichtfertigen Sprachgebrauch zu schützen. Wir mussten lernen, *Menschen mit unterschiedlicher Herkunft* zu sagen. Aber wahrscheinlich ist das beim Erscheinen dieses Buchs schon wieder überholt und ebenfalls als menschenverachtende Diskriminierung entlarvt. Stattdessen gilt dann vielleicht gerade: *Hochwillkommene Weltbürger mit zeitweiligem oder dauerhaftem Aufenthaltsstatus in Deutschland.*"[*]

Abgesehen vom herablassenden Gestus, mit dem den „Opfern" hier vorgegeben wird, wie sie auf ihre angebliche Diskriminierung reagieren sollen, ist das politisch korrekte Kauderwelsch objektiv fremdenfeindlich: Deutsch zu lernen, ist ohnehin schwer genug. Wenn man dann noch Anti-Diskriminierungs-Wortungetüme und gendergerechte, selbst für Deutsche unverständliche Buchstaben-Zeichen-Kombinationen lernen soll – dann gute Nacht, sprachliche Integration.

---

[*] *Adam Fletcher, Make me German, Berlin 2015, S. 195*

Rauchen ist sexy

Von Marius Jung

In der australischen Hauptstadt Canberra wurde 2014 die Oper „Carmen" noch vor der Premiere vom Spielplan genommen, weil sie das Rauchen glorifiziere.[*] Das Ensemble hatte sich selbst bei der Gesundheitsbehörde „angezeigt" und erhielt umgerechnet 278.000 € dafür, dass es dieses 140 Jahre alte, todbringende Werk absetzte.

In den 60er- und 70er-Jahren regten sich junge Leute noch über die deutsche Verbotskultur mit ihren spießigen, freiheitsberaubenden „Betreten-verboten"-Schildern auf. Zu Recht. Jede Generation tritt auf den Rasen der vorherigen. Schließlich muss eine Gesellschaft sich weiterentwickeln – und Jugendliche müssen was zu tun haben. Auch meine Grundhaltung als Jugendlicher hieß: „Ich bin dagegen."

Und heute? Die Verbotskultur wird ausgerechnet von den politischen Nachfahren der rebellischen alten 68er wiederbelebt. Und von den alten Adenauer-Parteien CDU und FDP bekämpft. Verrückte Welt der PC.

Vor 40 Jahren kannte niemand das Wort „Rauchverbot". Keiner dachte daran, das Rauchen zu reglementieren oder gar zu verbieten. Und alle rauchten. Überall. Als Kind ging ich mal mit einem schweren Husten zum Kinderarzt. Der begrüßte mich mit einer Kippe in der Hand. Auch Eltern rauchten ständig. Die Kinder bekamen das ja nicht mit, so klein, wie die waren. In Film und Fernsehen wurde um die Wette geraucht – bei Talkshows konnte man vor lauter Qualm oft kaum erkennen, wer da mit wem diskutierte. Die wichtigste Ausstattung von Autos waren Aschenbecher

---

[*] http://www.spiegel.de/panorama/australien-opern-ensemble-nimmt-carmen-aus-dem-programm-a-996241.html

und Zigarettenanzünder. Und die coolsten Typen erkannte man daran, dass sie die Hutkrempe nach unten trugen und eine Kippe nach der anderen rauchten. Offenbar war das Rauchen seinerzeit einfach nicht so schädlich.

Natürlich sehne ich mich nicht nach dieser komplett arglosen Zeit zurück. Ich bin für rauchfreie Büros, Krankenhäuser und Kinderarztpraxen. Auch rauchfreie Restaurants finde ich als Raucher angenehm. Aber dass es überhaupt keine Gastronomie mehr für Raucher geben darf, finde ich falsch. Niemand muss in die Raucherkneipe gehen. Und es ist nicht Aufgabe des Staates, diejenigen daran zu hindern, die es tun wollen. Würde mir ein Kumpel solche Vorschriften machen, würde ich ihm sagen, dass er nicht meine Mutter ist. Und ich verbitte mir, für so dumm gehalten zu werden, dass eine alte Oper (oder auch eine Seifenoper), in der geraucht wird, mich aus der Bahn wirft.

Man muss sich das auf der Zunge zergehen lassen: Raucher sollen in Filmen und auf Bühnen nicht mehr zu sehen sein, weil es sich um ein geächtetes Verhalten handelt. Und weil man annimmt, dass insbesondere minderjährige Zuschauer das nachahmen könnten. Als Nächstes werden vermutlich alle Szenen aus Filmen und Serien herausgeschnitten, in denen Alkohol verzehrt wird. Also unter anderem alle Abendmahls-Szenen. Vielleicht fliegen Wein und Fleisch auch bald aus der Bibel raus?

Jedenfalls weiß man jetzt, warum seit Jahren im Fernsehen und im Kino kein riskantes Verhalten wie Bergsteigen, schnelles Autofahren und Schwimmen mehr zu sehen ist: wegen der Nachahmungsgefahr. Und vor allem sieht man keine sozial unerwünschten Handlungen wie Diebstahl, Raub, Körperverletzung und Mord. Wäre ja auch noch schöner!

Ein einziges Dilemma: Widersprüche, Eigentore und das Recht des Stärkeren

Was die Politische Korrektheit will, ist klar – und meist ja durchaus sympathisch. Aber weil sie an den falschen Stellen rumdoktert, verstrickt sie sich selbst in heillose Widersprüche und Dilemmata. Und manchmal schießt sie auch richtig hübsche Eigentore.

Widerspruch 1:

BENACHTEILIGTE SOLLEN SICHTBAR UND UNSICHTBAR ZUGLEICH SEIN.

Die Benachteiligung von Frauen soll bekämpft werden, indem Frauen überall präsent und sichtbar sind – in der Sprache genauso wie in Aufsichtsräten, bei der Bundeswehr genauso wie im Kanzleramt. Das ist gut und richtig. Aber wie thematisiert man eigentlich diese Benachteiligung in korrekter, gendergerechter Sprache? „Frau" ist ja ein „zweigendernder Begriff" und damit tabu. Zu Ende gedacht heißt die Forderung: Frauen sollen sichtbar sein – aber nicht als Frauen erkennbar. Ein schönes Beispiel sind die Dortmunder „Ampelweibchen": Kaum war im November 2014 der pragmatische Beschluss gefasst, jede zweite Ampel bei passender Gelegenheit mit einem Frauchen statt einem Männchen auszustatten, begann der Streit, wie die Frau aussehen soll. Auf keinen Fall so weiblich wie die Zwickauer Ampelfrau, soviel ist klar. Also keinen Rock und keine Zöpfe. Und natürlich keine Brüste. Es soll also aus Gleichstellungsgründen eine als Frau erkennbare Figur sein, die aber aus Anti-Sexismus-Gründen nicht wie eine Frau aussehen soll. Insofern sind Bilder im Straßenverkehr vermutlich ohnehin zum Aussterben verurteilt. Die Zukunft heißt: lange, gendergerechte Texte auf alle Ampeln und Schildern statt der sexistischen Symbole und Bilder. In allen relevanten Migrantensprachen. Und unter Berücksichtigung aller denkbaren Behinderungen.

Die Beschreibung und die Kritik von Missständen verlangt also einerseits, diese Missstände und ihre Opfer zu benennen – was aber andererseits politisch nicht korrekt ist. Oder in den Worten von Jens Jessen: „Wer immer versucht, die Welt zu beschreiben, wie sie ist, einschließlich uneinholbarer Klassenprivilegien oder notorischer Formen sexueller Ausbeutung, bekommt eins auf die Finger."[*]

Ein schönes Beispiel ist der bereits erwähnte Versuch, eine Fassung von „Huckleberry Finn" zu schaffen, in der sämtliche „Nigger", „Neger" und „Negroes" durch „Sklave" ersetzt wurden. Vorteil: 100 % diskriminierungsfrei. Nachteil: Keiner verstand mehr, worum es in dem Buch geht. Vor allem aber wird den Lesern die Information vorenthalten, dass es Schwarze waren, die in den USA als Sklaven arbeiten mussten. Den Opfern der Sklaverei wird also ihr Opfersein abgesprochen.

Auch politisch korrekte Eltern sind hin- und hergerissen: Ihre Sprösslinge sollen über die unterschiedlichen und gleichberechtigten Spielarten der Sexualität und der sexuellen Orientierung informiert werden – aber ist Sexualkunde nicht zugleich irgendwie sexuelle Belästigung? Und diskriminiert man Schwule, Transgender und Inter* weiblich nicht, indem man sie im Sexualkundeunterricht auf ihre Geschlechtszugehörigkeit reduziert?

Die Politische Korrektheit beansprucht Geltung für jede noch so kleine Gruppe – beklagt dann aber das Benennen

[*] DIE ZEIT Nr. 35/2014

von Unterschieden. Die Nichterwähnung wird als Ausgrenzung überinterpretiert, die Erwähnung als Diskriminierung.

Widerspruch 2:

SPRACHE IST WICHTIG – ABER WIR MACHEN SIE JETZT MAL KAPUTT.

Die politisch korrekten Sprachpolizisten rechtfertigen ihre Eingriffe in die Umgangssprache mit dem Argument, Sprache sei wichtig für das Bewusstsein. Gleichzeitig schaffen sie aber, wie im Kapitel „Moralsprak" gezeigt, eine bürokratische, zunehmend unbenutzbare, tote Orwell-Sprache.

Widerspruch 3:

ST. FLORIAN

Vom Prinzip „Heiliger St. Florian, verschon mein Haus, zünd andre an" sind Vertreter und Vertreterinnen der Politischen Korrektheit keineswegs frei. Die individuellen Interessen der oft in bürgerlichem Wohlstand lebenden PCler übertrumpfen oft die abstrakte politisch korrekte Haltung.

- Deutschland soll mehr Flüchtlinge aufnehmen – aber nicht bei uns im Viertel!
- Frauen sind die besseren Menschen – aber wehe, diese Schlampe macht meinen armen Sohn unglücklich!
- Mein Kind soll multikulturell aufwachsen – aber bitte auf eine Schule gehen, auf der mindestens 90 % der Schüler Deutsch als Muttersprache haben.

Besonders lustig wird es, wenn politisch korrekte Glaubenssätze konkurrieren und kollidieren: Antisemitismus ist böse. Sexismus ist auch böse. Migranten sind gut. Was aber ist mit einem judenhassenden, sexistischen Araber?

Wenn es heikel wird und zwei PC-Haltungen kollidieren, drückt man sich lieber vor einem Statement und schweigt das Thema tot – wie zum Beispiel den Salafismus. Zu sowas Kompliziertem hat man lieber keine eigene Meinung, sondern bewacht aus dem Hintergrund, was andere dazu sagen. Sollen die sich doch eine blutige Nase holen. Dabei muss doch die Frage, welche Überzeugungen des Mainstream-Islam in einem Spannungsverhältnis zu Werten wie Gleichberechtigung, Demokratie etc. stehen, zweifellos diskutiert werden. Und die Antwort darf auch anders lauten als die PC-Aussagen „Jeder Muslim vertritt zu 100 % alle Werte des Grundgesetzes" und/oder „Das Grundgesetz ist islamfeindlich". Diese Differenzierung hinzukriegen, ohne sämtliche Anhänger einer Religion in einen Topf zu werfen mit Verbrechern, die im Namen dieser Religion handeln, ist eine knifflige Aufgabe, der nicht jeder immer gewachsen ist. Die PC-Fraktion allerdings stellt sich ihr lieber gar nicht erst.

Auch schön: Ein weißes Lesbenpaar in den USA besorgte sich eine Samenspende, weil: Männer = bäh. Infolge einer Verwechslung bekamen sie allerdings ein schwarzes Kind. Das fanden sie auch bäh und verklagten die Samenbank.[*] Sind die jetzt gute Lesben oder böse Rassistinnen?

Widerspruch 4:
Erfolge werden zunächst erkämpft – und dann schlechtgeredet.
Im November 2014 wurde endlich, nach jahrzehntelangem Kampf, eine gesetzliche Frauenquote beschlossen. Natürlich: zunächst nur für wenige große Unternehmen. Und nur 30 %. Aber der lange und zähe Widerstand gegen das Prinzip Quote war endlich gebrochen. Da kann man doch

---

[*] *http://www.spiegel.de/panorama/gesellschaft/weisse-frau-schwarzes-kind-mutter-verklagt-samenbank-a-995231.html*

mal drauf anstoßen und diesen Etappensieg feiern, bevor
der Kampf weitergeht, oder? Nichts da! Auf tagesschau.de
kommentierte Julia Barth sauertöpfisch und teilweise im
Originalsound der konservativen Quotengegner:

**Das ist allenfalls Symbolpolitik, ein großer Schritt hin zu
mehr Geschlechtergerechtigkeit ist es nicht. (...) Mit der jetzi-
gen Lösung wird sich erstmal gar nichts ändern. (...) Ein längst
überfälliges Umdenken in den Köpfen kann man nun mal politisch nicht verordnen.**

Offenbar darf es gar keine echten Erfolge geben. Und
zwar nicht nur aus der Befürchtung, dann würden sich alle
zurücklehnen. Sondern auch, weil es die Behauptungen über
die Unreformierbarkeit des bekämpften Systems widerle-
gen würde. Da macht man doch lieber diejenigen nieder,
die es trotz widriger Umstände geschafft haben. Man hat
zwar vorher die ganze Zeit beklagt, es fehle an weiblichen
„role models", die vorlebten, dass Frauen es nach ganz oben
schaffen könnten. Aber wenn es sie dann endlich gibt, wird
kurzerhand die Ebene gewechselt. Dann geht es nicht mehr
um eine Frau, die es geschafft hat und *in diesem Punkt* als
Vorbild dienen könnte, sondern um die Frage, ob man sie
sympathisch finde (Ursula von der Leyen), ob sie die richtige Politik mache (Angela Merkel) oder ob es Frauen nicht
viel zu sehr unter Druck setze und stresse, wenn sie sich ein
Beispiel an der Facebook-Geschäftsführerin Sheryl Sandberg
nehmen sollten. Und plötzlich werden sie auch nur noch
„angeblich" gebraucht, die *role models,* und ihnen nachzu-
streben bringe nur eines, nämlich Frust.[*]

Wenn man zugibt, dass das Patriarchat reformierbar ist,
gefährdet man natürlich seinen eigenen Opferstatus. Deshalb werden Erfolge lieber kleingeredet – oder zum Zeichen
der Perfidie der Mächtigen umgedeutet. „Repressive Tole-

---

[*] *So Catherine Hoffmann in der Süddeutschen Zeitung vom 2.1.2015*

ranz" hieß das bei den 68ern: Man lässt uns demonstrieren, eigene Zeitungen und Parteien gründen und Minister werden? Damit will man nur vom faschistisch-autoritären Charakter des Systems ablenken. Oder: Den Arbeitern das Wahlrecht zu geben, war nur ein fieser Trick des Kapitals. Dass die Arbeiterbewegung dafür jahrzehntelang gekämpft hat – egal.

Zur aktuellen politisch korrekten Variante dieses Widerspruchs, der feministischen, gehört eine Weltwahrnehmung, die alle Männer als verschworene, frauenfeindliche Gemeinschaft betrachtet. So kommentierte Meike Winnemuth die „Aufschrei"-Debatte 2013 unter anderem mit dem Satz: „Die männliche Wagenburg um Brüderle formierte sich geschlossen und geräuschlos."[*] Dass sich keineswegs alle Männer auf Brüderles Seite geschlagen hatte, musste ausgeblendet werden, um das Gesamtbild der Benachteiligung nicht zu gefährden. Dasselbe gilt für Anne Wiczoreks Statement ein Jahr nach dem von ihr initiierten „Aufschrei": Sie fordere „eine Welt, in der Mädchen und Frauen mehr zugetraut wird als Schminken und Schuhkauf". Ja, das wird wirklich höchste Zeit, dass man Frauen noch was anderes zutraut! Vor allem Frau Wiczorek sollte das endlich mal tun. Weil sie dann möglicherweise einen Blick dafür bekommt, dass die Welt längst weiter ist, als ihr beschränktes Frauenbild ihr vorspiegelt.

Widerspruch 5:

MESSEN MIT ZWEIERLEI MASS

Wenn Politisch Korrekte sich für jemanden einsetzen, berufen sie sich ja implizit und explizit auf allgemein akzeptierte Werte wie Menschenwürde und Menschenrechte. Da die PC – inklusive ihrer guten Absichten – eher aus dem linken

[*] *SZ-Magazin, 8.3.2013*

Spektrum kommt, ist die Empfindlichkeit aber durchaus ungleich verteilt: Dieselben Leute, die andere maßregeln, wenn sie die weibliche Form vergessen, haben kein Problem damit, wenn ein strenger Lehrer „Nazi" genannt wird oder ein Mann „Machoschwein". Und ein Mann, der seine Familie verlässt, ist sowieso ein gefühlloses Schwein; eine Frau, die dasselbe tut, ist „stark und authentisch". Auch wird die ausdrückliche Erwähnung der weiblichen Form nicht so eifrig angemahnt, wenn es um negative Dinge geht. Von MassenmörderInnen, Schlächter_innen und Legasthenike-rinnen liest man nicht so oft. Im Polizeibericht heißt es weiterhin nur „Die Täter entkamen unerkannt" und „Rechte Schläger haben in der vergangenen Nacht eine Gruppe von Ausländern angegriffen". Kein Schrägstrich und Binnen-I nirgends. Und wie ist eigentlich die weibliche Form von *Nazi*?

Widerspruch 6:

RECHTSSTAAT? BRAUCH ICH NICHT!

Eine der am stolzesten vorgeführten Erfindungen des Feminismus ist die „Definitionsmacht". Sie geht von der Erfahrung oder dem Gefühl aus, Straftaten gegen die sexuelle Selbstbestimmung von Frauen würden von einer männerdominierten Staatsgewalt und Justiz im Zweifel nicht verfolgt. Deshalb will sie die Deutungshoheit darüber, ob es sich um sexualisierte Gewalt handle, kurzerhand auf die (echten oder vermeintlichen) Opfer übertragen:

DEFINITIONSMACHT

Definitionsmacht ist das Recht von von sexualisierter Gewalt Betroffener, zu definieren, was sexualisierte Gewalt ist. Anstelle von objektiver Kriterien soll das subjektive Empfinden in den Mittelpunkt gestellt werden. Das, was als sexualisierte Gewalt oder Übergriff empfunden wird, ist es somit auch. Dies soll zum einen verhindern, dass Betroffene unter Rechtfertigungsdruck geraten, zum anderen kommen damit auch Formen sexualisierter Gewalt in den Blick, die nicht durch die offizielle Rechtsprechung definiert sind.

Desweiteren ist es der betroffenen Person überlassen, zu entscheiden (oder auch nicht), wie mit der Situation umgegangen werden soll.

Dies bietet für alle Betroffenen einen Schutzraum, der es ermöglichen soll, über das Erfahrene berichten zu können und es rückt den Fokus weg vom Täter.[*]

So verständlich die Wut über Freisprüche für Vergewaltiger ist: Man fasst sich an den Kopf. Denn mit dieser Denkfigur macht man letztlich den Rechtsstaat hinfällig – und dieser Rechtsstaat schützt am allermeisten die Schwachen.

Wenn man die Definitionsmacht darüber, was eine Kränkung / Beleidigung / Gewalttat etc. ist, allein dem vermeintlichen oder tatsächlichen Opfer überlässt und damit objektives Recht durch subjektives Empfinden ersetzt, löst man die „offizielle Rechtsprechung" durch das Recht des Stärkeren ab: Wer durchsetzen kann, was seiner Meinung nach aus seinem subjektiven Gefühl folgen sollte, gewinnt. Die Vorstellung, man könne eine solche Aufhebung des Rechtsstaatsprinzips auf die „guten Opfer"

* Programm der Frauen*hochschulwoche an der Universität Hamburg im November 2012. Sprachlich unveränderter Originaltext.

beschränken, ist nicht nur fragwürdig, sondern auch erschreckend naiv. VerliererInnen einer solchen Aushöhlung des Rechtsstaatsprinzips wären zuallererst genau die vielen Opfer gesellschaftlicher Machtverhältnisse, um die die Politisch Korrekten sich dankenswerterweise sorgen. Und am meisten profitieren würden diejenigen, die die Macht haben, ihre Sicht der Dinge durchzusetzen. Ein warnendes Beispiel ist der Umgang mit Schwarzen in den USA: Dort haben weiße Polizisten und Grundstücksbesitzer faktisch die Definitionsmacht darüber, ob sie in Notwehr geschossen haben oder nicht.

Im Übrigen sollte es auch nicht zu leicht sein, jemanden ins Gefängnis zu bringen. Die bloße Aussage, man / frau habe etwas als sexualisierte Gewalt empfunden, sollte nicht kurzerhand das gesamte Instrumentarium von Ermittlung, Anhörung, Gutachten und Gerichtsverhandlung ersetzen, mit dem die Glaubwürdigkeit aller Beteiligten überprüft wird.

Wie leichtfertig das Rechtsstaatsprinzip der Unschuldsvermutung und der Resozialisierungsgedanke – beides große zivilisatorische Leistungen – auf dem Altar politisch korrekter Glaubenssätze geopfert werden, zeigte sich 2014 auch an den Fällen Edathy und Evans. Für Menschen, die eines sexuellen Vergehens beschuldigt werden, gelten eher mittelalterliche Ausstoßungsrituale. Über Sebastian Edathy schrieb Heribert Prantl : „**Dass er sich einst (...) Verdienste erworben hat, kann man kaum noch erwähnen, ohne als potentiell pädophil verdächtigt zu werden. (...) Die Strafbarkeit seines Tuns wird wohl im untersten Bereich liegen. (...) Die Art und Weise, wie hier die soziale Vernichtung eines Menschen verläuft, lässt einen schon frieren.**"[*]

---

[*] *Süddeutsche Zeitung, 19.11.2014*

Auch beim walisischen Fußballprofi Chris Evans, der eine Strafe wegen Vergewaltigung abgesessen hat und dem die politisch korrekte Gesellschaft die Resozialisierung durch Rückkehr zu seinem alten Club verweigern wollte, zeigte sich diese archaisch anmutende Hysterie: Wer vorsichtig auf Rechtsstaatsprinzipien hinwies, wurde der Sympathie mit der Tat und der fehlenden Empathie mit den Opfern bezichtigt – oder gleich verdächtigt, er sei vom selben sexuellen Dämon besessen wie der Täter und gehöre ebenfalls ausgestoßen aus der politisch korrekten Dorfgemeinschaft. Wirklich fortschrittlich.

Dilemma 1:
Pandora meets Sisyphus.

So berechtigt im Einzelfall das Berücksichtigen und Ins-Bewusstsein-Heben bisher marginalisierter Menschen und Gruppen ist: Die gnadenlose 100-Prozent-Moral der PC sorgt dafür, dass es zum Problem wird. Denn wer einmal mit immer kleinteiligeren Unterscheidungen anfängt, darf nie mehr damit aufhören. Seit die Büchse der Pandora geöffnet wurde, sind die zahllosen Mini-Identitäten unter uns – und jede verkürzte Version gilt als Diskriminierung. So muss man Aydan Özoguz, die Integrationsbeauftragte der Bundesregierung, fragen, was sie sich bei folgender Aussage gedacht hat: „Die AfD macht Stimmung gegen Migrantinnen und Migranten, Muslime, Homosexuelle und behinderte Menschen."[*] Auf den ersten Blick alles korrekt aufgezählt – aber warum hat sie die „Musliminnen" brutal ausgegrenzt?

Schaut man sich bei Wikipedia den Artikel *LGBT*[**] an, der die vielfältigen Abkürzungen behandelt, unter denen verschiedene Gruppen zusammengefasst werden (Wichtig:

---

[*] *Lt. Süddeutscher Zeitung, 17.9.2014*
[**] *LGBT = Lesbian, Gay, Bisexual und Trans*

LGBT ist auch bekannt unter LSBTTIQ), entdeckt man am Ende einen alarmierenden Satz: „(...) Mitunter wird, um niemanden auszuschließen, auch ein Sternchen angehängt, etwa bei LSBTTI*." Was, so fragen wir anklagend, ist diese Methode anderes als Ausgrenzung und Ausschluss? Wer will denn bloß ein Sternchen sein? Jemandem die Aufnahme in die Buchstabensuppe zu verweigern und ihn gefühllos mit lauter Anderen (total Anderen!) in der Sternchensuppe zurückzulassen, ist von einer Menschenverachtung, die einem den Atem raubt.

Aber nicht nur Pandora, sondern auch Sisyphus ist mit am Start: Je differenzierter die PC wird, desto kleinteiliger werden auch die Geltungsansprüche der diversen Gruppen und Grüppchen. Und so bringt jede vermeintliche Verbesserung vor allem Kritik, weil man auf der neuen, vorher gar nicht existierenden Bedeutungsebene trotz aller Bemühungen nicht alle erfasst hat. Was natürlich als Ausgrenzung verstanden wird. Und außerdem gibt es unterhalb der neuen Bedeutungsebene immer eine noch genauere, noch kleinteiligere. Je mehr Klein- und Kleinstgruppen man ausdrücklich erwähnt, desto mehr fühlen sich ausgeschlossen. Dieses Spielchen ist erst zu Ende, wenn es 7 Milliarden Möglichkeiten gibt, seine Identität zu bezeichnen. Die Gruppenbildung zum Vertreten gemeinsamer Interessen wird dann allerdings schwierig. Aber eine philippinische männlich-transsexuelle, vierzigjährige, horizontal herausgeforderte Person mit Migrationshintergrund, aber ohne eigene Migrationsgeschichte hat vermutlich einfach keine gemeinsamen Interessen mit einer balinesischen transgender männlichen 39-jährigen sozial benachteiligten verhaltensoriginellen Person. (Von Kleinigkeiten wie dem Schutz vor Ausbeutung und Diskriminierung, sauberem Trinkwasser, ausreichend

Nahrung, einem Dach über dem Kopf und freiem WLAN mal abgesehen.)

Seit 2014 bietet Facebook seinen Nutzern 60 verschiedene Möglichkeiten, ihre geschlechtliche Identität anzugeben (siehe Kasten). Aus 2 (weiblich und männlich) wurden 60 – darunter manche, von denen viele unserer LuL wohl noch nie gehört haben und deren Unterscheidung den meisten Menschen recht schwerfallen dürfte.

INTER* WEIBLICH IST NICHT GLEICH INTER* FRAU: FACEBOOKS 60 GESCHLECHTSIDENTITÄTEN

androgyner Mensch, androgyn, bigender, weiblich, Frau zu Mann (FzM), gender variabel, genderqueer, intersexuell (auch inter*), männlich, Mann zu Frau (MzF), weder noch, geschlechtslos, nicht-binär, Pangender, Pangeschlecht, trans, transweiblich, transmännlich, Transmann, Transmensch, Transfrau, trans*, trans* weiblich, trans* männlich, Trans* Mann, Trans* Mensch, Trans* Frau, transfeminin, Transgender, transgender weiblich, transgender männlich, Transgender Mann, Transgender Mensch, Transgender Frau, transmaskulin, transsexuell, weiblich-transsexuell, männlich-transsexuell, transsexueller Mann, transsexuelle Person, transsexuelle Frau, Inter*, Inter* weiblich, Inter* männlich, Inter* Mann, Inter* Frau, Inter* Mensch, intergender, intergeschlechtlich, zweigeschlechtlich, Zwitter, Hermaphrodit, Two Spirit drittes Geschlecht, Viertes Geschlecht, XY-Frau, Butch, Femme, Drag, Transvestit, Cross-Gender

---

Und worauf konzentrierte sich die Diskussion unmittelbar danach? Wer alles vergessen wurde. Und was Facebook jetzt noch alles ändern müsse: „**Nutzer drängten nach der Ankündigung von Facebook zugleich auf weitere Änderungen. Für die Kategorie ‚Interessiert an' müsse es nun Anpassungen geben, denn dort gäbe es jetzt schließlich mehr Optionen. Und auch die Zuordnung ‚Sohn von' oder ‚Tochter von' müsse nun überarbeitet werden.**"[*]

Und tatsächlich legen die 60 Kategorien die Nutzer auf nur eine Geschlechtsidentität fest. Für jede Tages- und Nachtzeit! Was ist mit denen, die sich morgens eher weich und weiblich fühlen, vormittags männlich, nachmittags gender variabel und abends trans? Hier muss Facebook dringend nachjustieren! Und auch die Asexuellen und die Maximalsexuellen dürften sich herzlich für ihre Nicht-Berücksichtigung bedanken.

Lucie Veith, Vorsitzende_r des Bundesverbands Intersexueller Menschen, erklärte 2014 anlässlich der Eröffnung des „Studienzentrums für Genderfragen in Kirche und Theologie": „Wissenschaftlich ist die Existenz von mindestens 4.000 Varianzen der geschlechtlichen Differenzierung bekannt." Da sind die 60 Varianten, die Facebook anbietet, natürlich empörend wenig. Aber auch Lucie Veith muss sich fragen lassen, ob 4.000 nicht eine willkürlich gegriffene Zahl ist – und ob so nicht 40.000 weitere „Varianzen" ausgeschlossen und ausgegrenzt werden.

Dilemma 2:

UNERLAUBTES LACHEN
Auch Politisch Korrekte müssen manchmal lachen. In der Regel gehen sie dafür in den Keller. Manchmal ist dieser Weg aber zu weit. Dann haben sie zwei Möglichkeiten: Politisch

---

[*] *http://www.heise.de/newsticker/meldung/Geschlechtsidentitaet-Facebook-erlaubt-mehr-sexuelle-Vielfalt-im-Infobereich-2113371.html)*

korrekte Witze werden mit dem allgemein menschlichen „Haha" belacht. Manchmal aber legt ein Kabarettist sie rein und zündet eine unkorrekte Pointe, die so gut ist, dass die Lachlust die angemessene Empörung übertrumpft. Dann erklingt das Rückversicherungslachen des „Hoho". Das bedeutet, dass sie es witzig finden, dass Mensch über sowas aber nicht lachen darf. Eine kleine Alltagsübung in Schizophrenie. Mr. Spock würde sagen: „Faszinierend."

Und hier noch die Top 3 der PC-Eigentore[*]:

3.) Die Universität Wien warb für einige Zeit, ganz politisch korrekt, mit dem Foto eines schwarzen Studenten für ihre Internationalität und Weltoffenheit. Bis es dem Abgebildeten schließlich reichte. Er ist nämlich Österreicher. Konnte sich bei den Multikulti-Strategen seiner Uni offenbar keiner vorstellen ...[**]

2.) Die Universität Leipzig hat 2014 ihre Grundordnung dahingehend geändert, dass nur noch die weibliche Form („Professorin" etc.) verwendet wird. So weit, so gut. Lustig war nur, dass danach ausgerechnet der Gleichstellungsbeauftragte der Uni, Georg Teichert, das Hauptargument gegen politisch korrektes Sprachpolizeigehabe vortrug:

„Nur weil die Grundordnung geändert wird, ändert sich noch nichts an den tatsächlichen Verhältnissen."

Womit er zugleich übrigens den obengenannten Mechanismus des Schlechtredens eigener Erfolge bestätigte. So richtig bemerkenswert an seinem Interview war dann aber diese Aussage:

---

[*] *Dass der Autor dieses Buchs, der kein Weißer ist, von weißen StudentInnen zum Rassisten gekürt wurde, war ein so fabelhaftes Eigentor, dass wir ihm ein eigenes Kapitel gewidmet haben:* PR-Agentur aus Leipzig.
[**] *http://www.spiegel.de/unispiegel/wunderbar/rassismus-an-der-uni-wien-student-schreibt-offenen-brief-a-997161.html*

„Und, ehrlich gesagt, wenn jemand sich in seiner Männlichkeit beschnitten sieht, nur weil das Wort ‚Professorinnen' in der Grundordnung steht, dann hat der ganz andere Probleme als das generische Femininum. Ich fühle mich doch nicht mehr oder weniger männlich, wenn man mich ‚Die Gleichstellungsbeauftragte' nennt oder mich mit ‚Guten Tag, Frau Teichert' anspricht."[*]

Das Argument ist zwar richtig – legt aber zugleich die Axt an die gesamte gendergerechte Sprachveränderung ...

1.) In den 90ern protestierten Feministinnen vehement gegen eine Werbung des Zigarrenherstellers Dannemann: „Der ideale Beifahrer: Riecht gut und quatscht nicht". Der Slogan wurde als frauenfeindlich kritisiert. Allerdings war ja nirgends von einer Frau die Rede – vielmehr explizit von einem Beifahrer. Die Kritikerinnen hatten den Slogan allerdings trotzdem auf Frauen bezogen. Ganz schön frauenfeindlich ...

---

[*] http://www.wgvdl.com/forum3/index.php?id=42314

Religion

Von hoher Komik ist der Versuch, die Phänomene Religiosität und PC unter einen Hut zu bekommen. Während fundamentalistische Christen und Muslime sich permanent in ihren religiösen Gefühlen verletzt fühlen, wollen Anti-Religiöse mit Rücksicht auf Nicht- und Andersgläubige alle Spuren der christlichen Kulturgeschichte Europas aus unserem Leben tilgen – und durchforsten 2.000 Jahre alte Texte nach Verstößen gegen die vegane Lebensweise oder ausreichend Rücksicht auf Fremde, Behinderte und Frauen.

Die Religionsseite der BBC benutzt nicht mehr „vor Christus" und „nach Christus", sondern „gewöhnliche Zeit" und „vor der gewöhnlichen Zeit", damit auch Nicht-Christen sich mit der abendländischen Zeitrechnung anfreunden können. Ob die BBC auch auf die Frage vorbereitet ist, woran sich die Bezeichnung „gewöhnlich" eigentlich orientiere?

Eine Zeit lang trauten Verlage sich nicht mehr, Weihnachtskarten an die Literaturagenturen in New York zu schicken. Mit angeblicher Rücksicht auf die Gefühle der „vielen Juden da" schickte man lieber „Season's Greetings".

Die nordrhein-westfälische Linke hat 2013 das Sankt-Martins-Fest als „Diskriminierung des muslimischen Kulturkreises" identifiziert. Man solle es umbenennen in „Sonne-Mond-und-Sterne-Fest".* Wir versuchen uns gerade vorzustellen, wie sich ein Deutscher im Iran fühlen würde, wenn eine atheistische persische Gruppe die Umbenennung von Ramadan und Opferfest sowie die Einrichtung von FKK-Stränden fordern – und ihn als Grund dafür nennen würde.

---

* http://web.de/magazine/politik/politisch-korrekte-sprache-sonne-mond-sterne-st-martin-18307292

Das musste mal gesagt werden!

Status **Fotos/Videos**   2:15 AM

Was machst du gerade?

Bibelkenner
Gestern um 13:35 ·

Alle Religionen wurden von Menschen erfunden um andere Menschen und Völker zu unterdrücken und zu kontrollieren Die Biebel ist es schönes Märchenbuch mehr aber auch nicht angefangen bei Genesis ... Da waren Adam und Eva die zeugten Kain und Abel ... das sind Mathematisch 4 Menschen Kain erschlug Abel also minus einen ergibt 3 Menschen ... so nun kommen wie zur Stelle Kain zog hinaus in die Welt um sich eine Frau zu suchen ??? Hallooooooooo !!!! Wo nimmt der die nun denn her ???? Inzess Gang Bang party mit Eva und die Geschichten aus dem Koran sind auch nur nette Geschichten .... In ein Paar Hundert Jahren werden eventuell mal Archiologen Herr der Ringe finden und kommende Generationen werden glauben es gab mal Elben und Orks !!!

Gefällt mir · Kommentieren · Teilen

👍 5 Personen gefällt das

(Kommentar eines Facebook-Users. In Originalrechtschreibung.)

Darf das das?! Dass das das darf!

Schlusswort von Marius Jung

Schon bei meinem ersten Buch bekam ich die Frage gestellt, ob ich denn das Wort „Neger" in meinem Untertitel benutzen *dürfe*. Ich frage mich bis heute, welche Antwort die Fragesteller erwartet haben. „Nein, darf ich nicht. Und ich find's auch nicht gut. Aber in mir schlummert eben so ein Revoluzzer." Wie schon ausgeführt, lautet die ernsthafte Antwort: Ich als Schwarzer brauche keine Erlaubnis zur Verwendung dieses Worts – vor allem nicht von Weißen. Und außerdem habe ich den Begriff ironisch-satirisch verwendet, um zu provozieren.

Diesmal habe ich sogar schon vor Veröffentlichung des Buches diese (übrigens sehr deutsche) Frage gehört: „Du bist doch Schwarzer. Darfst du denn gegen PC sein?" Ein Kabarettkollege, dem ich von dem geplanten Buch erzählte, fragte mich ernsthaft, ob ich jetzt auch sowas wie Pirinçci schriebe. Wer etwas gegen PC sagt, ist also automatisch reaktionär und wahrscheinlich auch ein Macho? Das ist eindeutig ein Grund mehr für dieses Buch.

Jedenfalls antworte ich wieder und aus vollem Herzen: Ja, ich darf das. Wer sollte mir das auch verbieten? Big Brother? Meine Mutter? Die Sprachpolizei?

Nachdem sich meine Gesprächspartner in vielen Interviews zu meinem ersten Buch vor allem für meine Abneigung gegen PC interessiert hatten, las ich mehr zu dem Thema. Täglich fand ich neue Dinge, die mich amüsierten und durchaus auch ärgerten. Die meisten Bücher über PC kommen allerdings aus der reaktionären Ecke – oder sie sprechen (leider) nur eine kleine akademische Schicht an wie der edition-suhrkamp-Band „In Anführungszeichen" von Matthias Dusini und Thomas Edlinger. Mir war wichtig, mithilfe des Humors eine größere Gruppe zu erreichen mit meiner und unserer PC-Kritik „von links".

Wie im Buch vielfach betont, sind die *Ziele* der PC-Fraktion auch die meinen. Mein Weg dahin ist eben nur ein anderer. In Oliver Domzalski habe ich einen wundervollen Co-Autor gehabt. Wir teilen sowohl die Freude als auch das Leid in unserer Sicht auf die PC. Natürlich haben wir um manche Punkte leidenschaftlich gestritten. Denn es sollte auch innerhalb einer Gruppe verschiedene Meinungen geben dürfen. Und konstruktives Streiten macht zum einen großen Spaß und ist zum anderen ein gutes Mittel, die eigene Haltung zu überprüfen, zu schärfen oder auch zu korrigieren. Das ist der Vorteil der Meinungsvielfalt gegenüber der Herrschaft der Tabus.

Ohne ein Wort aus diesem Buch gelesen zu haben, werden viele mich und uns mit Pirinçci oder auch Sarrazin in einen Topf werfen. Damit muss ich rechnen. Aber diese Menschen sind die Dummen, die wir im Titel nennen. Wer sich zu einer anderen Meinung äußert, ohne sich mit ihr auseinandergesetzt zu haben, wählt den Reflex statt der Reflexion. Die im Namen des Antirassismus handelnden Pauschalkritiker meines ersten Buchs erwiesen sich beim Nachfragen ebenfalls stets als tapfere Nicht-Leser. (Dasselbe gilt übrigens für die falschen Freunde – auch der Mann, der mich im November 2014 für die AfD nach Nürnberg einladen wollte, hatte mein Buch offensichtlich nicht gelesen.)

Der berühmte Hund des Iwan Petrowitsch Pawlow reagierte irgendwann nur noch auf Reize, statt zu beobachten. Leider findet sich dieser pawlowsche Reflex nicht nur bei Diskriminierern und Fremdenfeinden, sondern auch auf der anderen Seite. Die PC ist für beide das Glöckchen, das den Speichelfluss anregt. Die Reaktionären sondern dann Sprechmüll ab wie „Das wird man ja wohl noch sagen dürfen!", während die PC-Linken glauben, eine Art Allheilmittel gegen Ungleichbehandlung gefunden zu haben, das man nicht kritisieren darf. Und wenn doch: Speichelfluss.

PC tummelt sich vor allem auf dem Feld der Sprache. Unbestritten drückt die Art, wie wir miteinander sprechen, am besten aus, wie stark unsere Haltung von Höflichkeit und Respekt geprägt ist. Aber wie erreicht man das? Genügt es, wenn ein weißer US-Polizist jetzt *Afroamerikaner* statt *Neger* ruft, bevor er schießt?

Vor über 200 Jahren hat der Aufklärer Adolph Knigge ein verblüffend modernes Buch geschrieben. „Über den Umgang mit Menschen" (1788) handelte ebenfalls von Haltung und Respekt. Leider wurde Knigge später missverstanden als Benimm-Onkel, der vorgegeben habe, was man dürfe und was nicht. Und leider hat die Politische Korrektheit genau diesen falsch verstandenen Knigge adoptiert – und postuliert eine geistlose Etikette aus Verboten und Vorschriften. Aber führen die wirklich zu mehr Respekt? Ist es wirklich höflicher, Menschen auf die einzig noch verbliebene gendergerechte und politisch korrekte Art anzusprechen, die da lautet: „Hallo"?[*] Die Begrüßung mit einer echten Anrede ist doch ein Zeichen der Achtsamkeit und des Respekts, nicht der „zweigendernden Diskriminierung".

---

[*] *Eine Alternative in internationalen Konzernen ist ein hingeknalltes „Colleagues". Ohne „Dear" oder anderen übergriffigen Firlefanz.*

Ich sehe unser Buch als einen „Knigge" im richtig verstandenen Sinne – als Plädoyer für Respekt. Wenn wir freundlich und liebevoll miteinander umgehen, verlieren einzelne Wörter an Macht. Ich träume von einer Welt, in der die Achtung zwischen den Menschen dafür sorgt, dass es weitgehend egal ist, wie wir einander bezeichnen. Viele Begriffe werden dann automatisch wegfallen oder nur noch im Scherz genutzt. (Scherzen ist dann nämlich wieder erlaubt.) Vielleicht ist dieser Traum ja naiv, aber der Weg ist das Ziel.

Wer behauptet, keine Vorurteile zu haben, ist entweder ein Heuchler oder maximal ein Jahr alt. Das Problem an Vorurteilen ist nur, dass sie sich so wunderbar selbst bestätigen. Weil wir nun mal am liebsten die Tatsachen wahrnehmen, die zu unseren Vorurteilen passen. Besser ist es, den Menschen anzuschauen, der vor uns steht – anstatt ihn hinter abstrakt-korrekten Begriffen verschwinden zu lassen.

Gleichheit sollte sich in Emanzipation ausdrücken und nicht die Menschen gleich machen. Ich lehne die orwellsche Gleichschaltung der Gedanken genauso ab wie die Abschaffung von Geschlechtern. Die Reibung, die durch Ungleichheit entsteht, ist das Salz in der Suppe unseres Zusammenlebens. Sie ist die Erotik und die Spannung im Leben. Das gilt interkulturell und zwischen den Geschlechtern genauso wie innerhalb einer Kultur und eines Geschlechts. Solange Ungleichheit nicht Ungerechtigkeit bedeutet, sollte man nicht darauf verzichten. Wäre dumm.

Lösungen

S. 41:

Das & nannte man bisher gedankenlos *Kaufmännisches Und*. Diese Bezeichnung stammt aus einer männerdominierten Zeit, die es zu überwinden gilt.

Politisch korrekt heißt es: das Und, das mit Handels- und Verkaufsvorgängen befasste Personen verwenden, um alltägliche Vorgänge zu beschleunigen, indem nur ein Zeichen verwendet wird statt der drei Buchstaben des Worts „und".

S. 65:

1: Neues Testament, Brief des Paulus an die Epheser („Die Weiber seien untertan ihren Männern als ihren Herren")
2: Bob Marley („No woman, no cry")
3: Friedrich Schiller („Die Axt im Haus erspart den Zimmermann")
4: Yoko Lennon („Woman is the nigger of the world")
5: Percy Sledge („When a man loves a woman")

S. 87:

1: Bertolt Brecht (Mutter Courage)
2: Friedrich Dürrenmatt (Der Besuch der alten Dame)
3: Bertolt Brecht (Herr und Knecht)
4: Thomas Person (Der kleine Herr Friedemann)
5: Friedrich Dürrenmatt (Der Richter und sein Henker)
6: Max Frisch (Homo faber)
7: Albert Camus (Der Fremde)
8: Johann Wolfgang von Goethe (Erlkönig)
9: Joseph von Eichendorff (Aus dem Leben eines Taugenichts)

10: Johann Wolfgang von Goethe (Der Zauberlehrling)
11: Theodor Storm (Der Schimmelreiter)

Zusatzfrage:
Brüderchen und Schwesterchen: Brüder Grimm
Der tapfere Zinnsoldat: Hans Christian Andersen
Das Kaisers neue Kleider: Hans Christian Andersen
Das tapfere Schneiderlein: Brüder Grimm

S. 99:
Echt sind die Beschwerden A–C, E, H und J.
Die anderen vier sind zwar durchaus vorstellbar, aber nicht
belegt.

S. 137:
Astrid Lindgren (Ronja Räubertochter)
Erich Kästner (Emil und die Detektive)
Wilhelm Hauff (Der kleine Muck)

S. 145:
„Medizinisch ausgebildete Person, medizinisch ausgebildete
Person, kommen Sie schnell, die mit mir verpartnerte Per-
son hat Personpes!"

Inhaltsverzeichnis

NICHT WIEDER DIE SANDALEN!

LUDGER FISCHER

Warum man
mit Frauen ~~Männern~~ nicht
verreisen kann

CARLSEN

TASCHENBUCH
160 SEITEN I € 9,99

MARIUS JUNG,
TEIL 1

Marius Jung

Singen
können
die alle!

Handbuch
für Negerfreunde

CARLSEN

TASCHENBUCH
160 SEITEN I € 9,99

DAS LUSTIGSTE PHILOSOPHIE-BUCH SEIT DEN MARX-BROTHERS

TASCHENBUCH
160 SEITEN I € 9,99

SURVIVAL FÜR LEHRER

Das
Lehrerbuch

Überleben im Schulalltag

Allein gegen den Rest der Welt!

CARLSEN

HARDCOVER I FARBIG
96 SEITEN I € 9,99

www.carlsen.de I **www.carlsenhumor.de**